心にとどめておきたい

美智子さまの生き方38

渡邉みどり

JN209429

朝日文庫

本書は二〇一四年九月に小社より刊行された『日本人でよかったと思える　美智子さま38のいい話』を改題し、加筆・修正したものです。

はじめに

美智子さまのお心遣い

退位された美智子さまは、史上初の「上皇后」におなりになります。それは平成を生きる私たちにとって、初めて耳にする言葉です。

夫君今上陛下がお手本として研究されたのが六代前の光格天皇。十八世紀、徳川将軍家の屋台骨も揺らいできた頃で、国民は黒船や天明の大飢饉にも見舞われました。光格天皇は閑院宮家から入り僅か九歳で皇統を継ぎましたが、当時天皇家の血筋としては遠いために軽く扱われたといいます（藤田覚『幕末の天皇』講談社）。

そんな光格天皇に学問のすすめを説いた女性がおりました。光格天皇より二代前の女性天皇、後桜町院です。美智子さまはこれまで若い宮さま方に経験の継承を説いてこられましたが、私には、美智子さまのお姿に御桜町院が重なって見えました。

今、あらためて振り返ると、美智子さまが歩んでこられたのは、決して平和で平坦な道のりではありませんでした。

実業家の令嬢とはいえ、幼少期は戦時中に、疎開もご経験。神奈川、群馬、長野と各地を転々とされました。天皇家へ嫁がれる際も、それまでの皇后・皇太子妃は皇族や華族から出ていたために「史上初の民間出身」ということで、さまざまな反発があったのも事実です。

昭和三十四年、「結婚の儀」の直後に行われたパレードで、お二人が乗った馬車に男がこぶし大の石を投げつけた事件に始まり、沖縄のひめゆりの塔の前で火炎瓶を投げつけられた事件、山形県の「べにばな国体」の開会式で「天皇訪中阻止」を叫ぶ男に発炎筒を投げられた事件……。万が一の恐怖にさらされながら、陛下とともに公務を果たす美智子さまのストレスは、並大抵のものではないとお察しします。

私は、日本テレビで昭和三十四年のご成婚パレードの中継に携わって以来、同じ時代を生きたジャーナリストとして五十年以上、美智子さまを取材してまいりました。そんな私があらためて感じるのは、皇后美智子さまは、戦後の日本が生み出した傑出したお方である、ということです。とくに美智子さまのさまざまなお心遣いが、今の日本の皇室のあり方に、決定的に重要な役割を果たしてきたことを強く感じるのです。

天皇家に、初の民間出身の皇太子妃として嫁いだ美智子さま。パイオニアゆえの苦労と申しましょうか。そのお立場や生活の変化は、誰も経験したことがないほど大きいものでした。

皇室という特異な環境にも、すぐに順応された柔軟さと強靱な精神力。また、戦争での疎開の経験から培われた強い忍耐力と「こらえ性」もお持ちです。

美智子さまは、皇太子妃時代のご苦労についてはずっと沈黙してこられました。どんな苦労も現実を謙虚に受け止められ、陛下を献身的に支えてこられたのです。

それだけではありません。天皇家は日本で一番の旧家。神事を伝統として大切に守り、国民の幸福を祈る儀式も多く、保守的になるのは当然です。その中で、夫君のご理解のもと大変な変革や挑戦をされてきたのです。

その一方で、美智子さまは戦後日本の希望の星でもありました。日本が敗戦の傷跡からようやく立ち直り、アメリカが、まだはるか遠い国だった昭和三十五年に、美智子さまは日米修好通商条約百周年を記念するセレモニーに出席され、国際社会に鮮烈なデビューを果たされます。アイゼンハワー大統領主催の晩餐会に臨んだ二十五歳の美智子さまは、ティアラにローブ・デコルテをお召しになり貴婦人の正装でした。

敗戦国・日本の女性が、世界の外交の檜舞台《ひのき》で美しく堂々と振る舞っておられるそのお姿を見て、非常に感銘を受けるとともに、私も新時代の幕開けを強烈に意識しました。美智子さまのご活躍の様子を見て、勇気づけられた女性も多かったのです。

今こそお手本にしたい、人を思いやる心、凜とした気品

ひるがえって、私たち。

今、多くの人が自分の将来に不安を抱えています。長い人生においては、つらいことや心が折れることも多いでしょう。家のこと、親・子どものこと、大切な人のこと、仕事、お金、健康、人間関係……。耐え難いこと、どうすることもできない災害や災難、生きていくうえで悩みや逆風は尽きません。

そんな私たちに、美智子さまのこれまでの行動は、一筋の光明を与えてくれま

す。

自分以外の人へのやさしさや心配り、強い覚悟と勇気、凛《りん》とした気品。そして常に謙虚で献身的でいること……。弱者に寄り添い陛下を支える美智子さまの美しさは、「心」にこそあると言えます。

美智子さまの生き方は、私たちにきっと元気や勇気を与えてくれることでしょう。

本書がそのきっかけになることを願ってやみません。

心にとどめておきたい

美智子さまの生き方38

目次

第一章 お心遣い――謙虚に、そしてしなやかに生きる

第二章　伝統と革新――守るべきものと変えていくもの

ブックデザイン　鈴木成一デザイン室
編集協力　田中幸宏
カバー写真　主婦と生活社
扉写真　朝日新聞社

皇室および正田家の系図

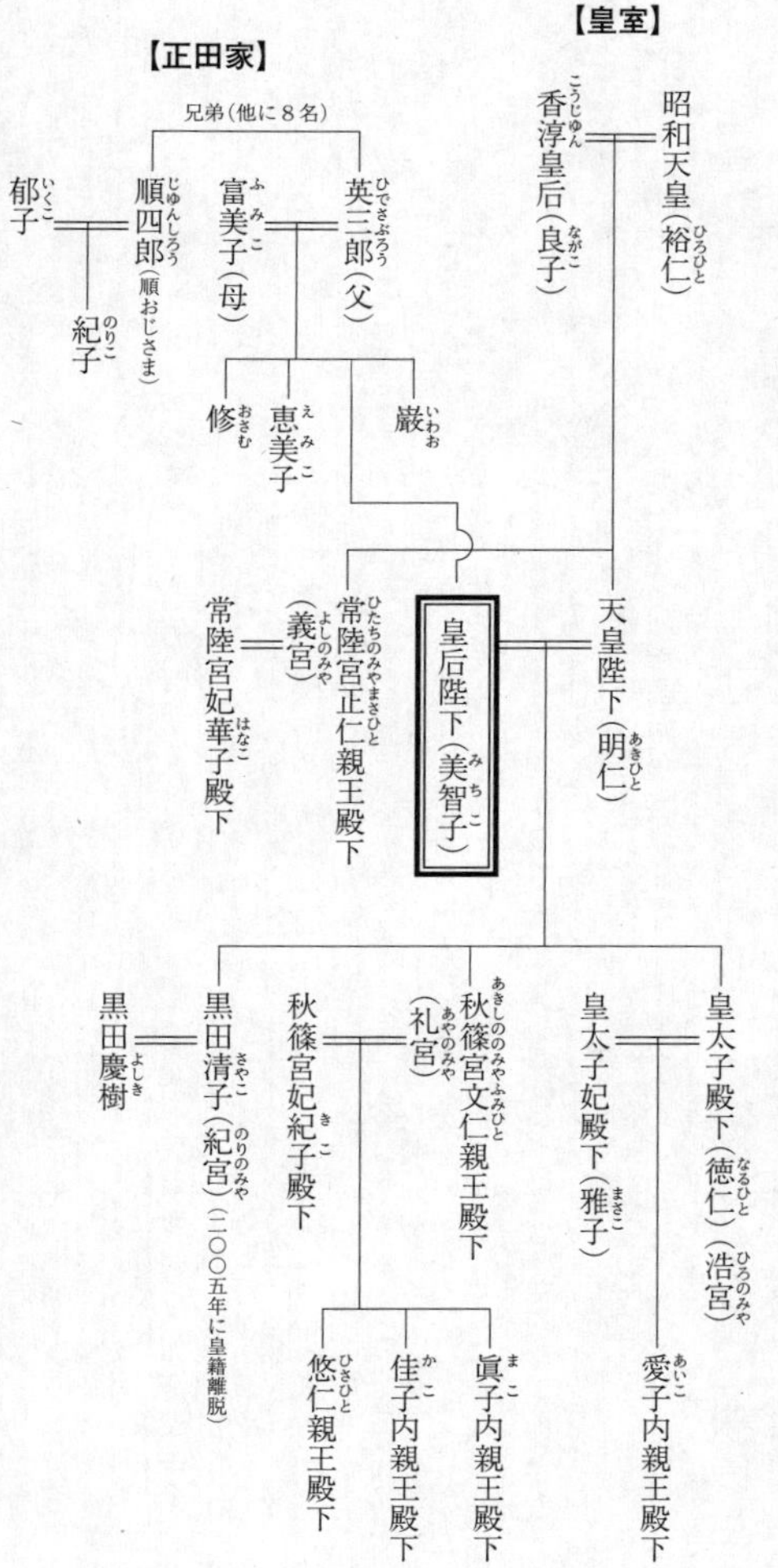

皇后美智子さま、また本書に登場する方々を中心に作成。なお、敬称は一部略。

第一章

お心遣い
謙虚に、そして
しなやかに生きる

1962年
南九州旅行でのお二人。
宮崎県の青島で

1 郷に入っては郷に従う

日本一の旧家に嫁ぐ

天皇家に嫁ぐためには、宮中の慣習や儀式に精通することはもちろん、外国人のお客様をお迎えになるときの英・仏語、マナーなど、幅広い教養を身につける必要があります。正しくは「ご進講《しんこう》」、いわゆるお妃《きさき》教育です。

史上初めて民間出身の皇太子妃となる正田美智子さんのお妃教育は、昭和三十四年一月十三日から始まりました。場所は、東京都千代田区三番町宮内庁分室。月曜日から土曜日まで十二科目、十三名の講師が「ご進講」にあたり、期間は三カ月間にもおよびました。

月　習字：藤岡保子　　和歌：五島美代子
火　英語：エスター・ローズ　　憲法：田中耕太郎
水　仏語：前田陽一　　礼儀作法：松平信子
木　宮内庁制度：瓜生順良　　お心得：小泉信三
金　宮中祭祀：甘露寺受長　　宮中慣習：入江相政
土　宮中儀式・行事：吉川重国　　宮中儀礼：保科武子・高木多都雄

　聖心女子大で近代的な教育を受け、英語で卒業論文を書かれた正田美智子さんは、日本の伝統文化である和歌を正式に学ぶのは初めてのことでした。そのため、和歌担当の五島美代子師には、浜尾実侍従《じじゅう》を通じて皇太子殿下（今上陛下）から「歌については何も知らない。まったくの初心者だから宜しく頼む」との言付けがありました。

　美智子さんの和歌の先生となった歌人・美代子師は美智子さんの第一印象を歌に詠んでいます。

うちらよりかがやきてりてもの学ぶをとめみづみづし一途《いちづ》なる面《おも》

未知の世界に、全身全霊で取り組もうとなさる若き日の美智子さんのご様子が目に浮かびます。

いのちの旅

お正月の歌会始《うたかいはじめ》など、天皇家にあって和歌のたしなみは必須です。しかしご結婚前、美智子さんは和歌については初心者同然でした。そこで、美代子師はご進講の一環として三カ月間「一日一首百日の行」という集中特訓を行ったのです。

「本当のお気持ちをありのままにお詠みになることが第一です。歌を考える時間を一日に五分でも持ち、疲れていても眠くても、必ずその日の感動を振り返ること」

という師の教えを、美智子さんは真剣に実行なさいました。

この集中特訓の総仕上げともいえる一首をご紹介しましょう。

昭和三十四年四月、ご成婚の直前、皇太子殿下が「待ちに待ったあしたのくるきょうの喜び」と美智子さまに贈られた歌に対する返歌です。

たまきはるいのちの旅に吾を待たす君にまみえむあすの喜び

平安の昔から、妃が初めて東宮御所に上がるとき東宮（皇太子）と恋歌を交換する儀式――贈書の儀――がありました。「たまきはる」は「いのち」の枕詞。皇室という未知の世界で始まる結婚生活を「いのちの旅」と表現し、殿下のもとにお上がりになる喜びを詠った一首です。命懸けであなた様のもとに参ります、といったニュアンスでしょうか。

「自作の歌集」を差し上げるのは、美代子師のアイデアでした。

「美智子さまは大変に筋がよろしく私の課題に取り組んでくださったので、その中から百首を私が選んで差しあげました。美智子さまはそれをご自分で清書装丁されて皇太子殿下へのお嫁入りのお土産になさったのです」

のちに美代子師がお祝いにうかがった折、

「ご行列が御殿にお入りになり、初めて二人きりになられた時、何のお話を遊ばしまして？」

とお尋ねすると、美智子さまは、

「あの歌のことを第一に東宮さまから仰せ下されて『あれをどうもありがとう』とおっしゃってくださいました」

とお答えになったそうです。

史上初の民間出身の妃として

激動の昭和が幕を閉じ、時が平成に移るとともに、昭和史についてのさまざまな資料が発掘されました。

初めて民間から天皇家に嫁がれた日清製粉社長令嬢・正田美智子さんのご苦労を忍ばせるものも数多く公表され、話題を呼びました。なかでも『入江相政《すけまさ》日記』には、これまでヴェールに包まれていた天皇家の「お家の事情」がリアルに記録されています。

入江相政侍従長は昭和九年に侍従を拝命し、翌十年から亡くなる前日の昭和六十年九月二十八日まで、半世紀にわたって日記を書き続けました。お妃教育の講師として「宮中慣習」を担当し、美智子さまにご進講された様子も記されています。

日記には、昭和三十三年秋ごろから皇太子殿下ご婚約関係の記述が多く記録されています。中でも、天皇家が正田美智子さんを妃殿下として迎えることに対する旧皇族・華族の反発には、今さらながら目を見張るものがあります。

十月十一日（土）快晴

（前略）東宮様の御縁談について平民からとは怪しからんといふやうなことで皇后さまが勢津君様と喜久君様を招んでお訴へになつた由。この夏御殿場でも勢津、喜久に松平信子といふ顔ぶれで田島さん（引用者注：元宮内庁長官）に同じ趣旨のことをいはれた由。（以下略）

――『入江相政日記　第三巻』（朝日新聞社、一九九〇年）

勢津《せつ》君様は秩父宮勢津子妃、喜久《きく》君様は高松宮喜久子妃。香淳《こうじゅん》皇后はお二人の義理の妹に愚痴をこぼされたのです。

皇后ばかりではなく常磐《ときわ》会（女子学習院同窓会）からは、皇太子殿下のお妃は旧皇族・華族出身でなければつとまるわけがない、民間からでは国民感情が納得しないだろう、という意見も出されました。

昭和三十三年といえば、日本の敗戦からすでに十三年が経過し、民主主義、新憲法のもとで華族制度はなくなっていました。この現実を受け入れがたいと感じていた古い世代の人々がいたことも、また事実です。

いかに時代が変わったとはいえ、これまでの皇太子妃となるべき条件からは大きなへだたりがありました。正田家のためらいも、この身分の違いがあったからでしょう。正田家が家族会議を開き、一大決心をしてようやく皇太子殿下との結婚を受け入れたのと同じように、美智子さんを迎え入れた天皇家もまた、価値観を変えなければならなかったのです。

「もう結構でございます」

宮中慣習のご進講を担当していた入江相政侍従は、皇太子殿下の誕生日の前日の十二月二十二日、殿下が小さいときから最近までのあいだにおそばに仕えたことのある人、三十人を美智子さんに紹介してほしいというリクエストを受けていました。

渋谷区常磐松《ときわまつ》の東宮仮御所で開かれたウィスキーパーティーに、美智子さんは水鼠《みずねず》に菊の模様の訪問着といういでたちでお越しになりました。

「それではみんなに引き合わせてもらいましょうか」

殿下が誇らしげにおっしゃるので、入江侍従は、

「このお方（皇太子さま）はご紹介しなくてもよろしゅうございますか」

と美智子さんに念を押したところ、美智子さんは、

「もう結構でございます」

と答えられたとか。当意即妙《とういそくみょう》の切り返し、とはこのことです。

入江侍従は、部屋の中に並んで立っている旧奉仕者の人々を、次から次へと軽《けい》妙洒脱《みょうしゃだつ》な話術で美智子さんに紹介していきました。美智子さんは相槌《あいづち》を打ち、楽しそうに笑っていらっしゃいました。共通の知人がある方とは、いろいろと細かなお話もなさったそうです。じつに楽しい雰囲気のパーティーでした。

想像を絶するプレッシャー

ところで、入江侍従は美智子さんをどう見ていたのでしょうか。

(前略) お母さまは、いつも一緒だったし、おわりごろの二、三回は、東宮女官長の牧野さんや女官さんたちも加わった。美智子さんは、「段々学校らしくなってまいりました」と笑っていらっしゃった。都電の三番町の近くの宮内庁分室。部屋にガスストーブがもえてはいたが、一月中旬の雨の日などは、ふるえが来るほど寒かった。大きな黒板も用意してはあったが、使ったのは二、三度だけ。

ひとつテーブルをかこんで相対した九時間は、まことに楽しかった。こんなしゃべり甲斐のある聴き手は、めったにあるものではない。いつも真剣勝負のようなお顔だった。そのくせ毎回必ずといっていいほど、なにか、おかしな話が出て来たのも不思議である。(以下略)

——入江相政「美智子さんとの九時間」(「週刊朝日」昭和三十四年四月十二日号)

一方で、日記(昭和三十四年)には、次のような記述も見られます。

三月二十日(金) 快晴

（前略）今日近き将来にいろ〳〵起ることを予想されることについて御注意になるべきことをいろ〳〵申上げる。いやな事も多い。退出しようとしたら美智子さんが脳貧血。昼頃までゐる。併し大したこともなく間もなくお帰りになる。（以下略）

――『入江相政日記　第三巻』（朝日新聞社、一九九〇年）

旧皇族・華族でもない民間実業家の令嬢が、天皇家に嫁ぐことの重大さが伝ってきます。美智子さんのプレッシャーは私たちの想像を絶するものでした。

皇室に入る強い覚悟

ご進講の中でも宮中祭祀は大事な科目です。担当は甘露寺受長掌典長《かんろじおさながしょうてんちょう》。神道について本格的に勉強するのは、未来の皇后の大切な務めです。

皇室の生活には年間を通じて祭事があり、国の平安と幸福が祈られ、祖先の御霊《みたま》が祀《まつ》られます。

水を浴び、体を清める潔斎《けっさい》に始まり、小袿長袴《こうちきながばかま》を着け、髪を大垂髪《おおすべらかし》に結う特別な服装は、支度だけでも三、四時間もかかるのです。こうした服装で参加しなくてはならない祭祀は年に二十回以上あり、欠席できるのは女性の生理の時だけです。

ミッションスクールで学ばれた正田美智子さんは、三カ月におよぶご進講を受け、天皇家の人となりました。

未来の皇后として、神事を究極の日本文化と理解し、受け入れる頭のやわらかさ、スケールの大きさを見るにつけ、たとえ育った文化的バックグラウンドが違っても、「郷に入っては郷に従う」美智子さまの覚悟が強く感じられるのです。

2 御恩はいつまでも忘れない

「おなつかしいこと」

昭和三十三年十一月二十七日「正田家を見つめて六ヵ月　迷い悩んだ母と娘ご辞退も二度、三度」という見出しの朝日新聞夕刊。

若き日の佐伯晋《すすむ》記者の署名入り記事です。佐伯記者は昭和二十八年に一橋大学を卒業後、朝日新聞に入社。お妃班で一番若く、正田家の担当になりました。

三十年後の昭和六十三年十一月三日。まだ昭和天皇がご存命中、皇太子ご夫妻（今上陛下と美智子さま）が全国健康優良学校の表彰式で、主催の朝日新聞社に来社されました。社長ならびに役員が、コンコースに並びお出迎えとお見送りをした際、佐伯記者は三十年ぶりに美智子さまにお目にかかったのです。

「美智子さまは私の前にお立ちになり『おなつかしいこと』とおっしゃって私の目をご覧になり、一分以上も立ち止まられた。一瞬、三十年前にタイムスリップしたようでした」

かつての御恩は忘れません、と言わんばかりに、佐伯記者の姿を認めて立ち止まった美智子さま――。突然の出来事だったそうです。

過熱するお妃報道の陰で

佐伯記者が初めて正田家を訪れたのは、昭和三十三年六月二十六日のことでした。

正田美智子さんがお妃の有力候補として浮上してきたとき、縁談の話なら父親より母親のほうがよいと、富美子夫人に面会を申し込み、何度かやりとりすること一カ月、ようやくアポイントが取れたのがこの日だったのです。

佐伯記者は先輩記者と二人で、池田山の正田邸に富美子夫人を訪ねました。二人は夫人の意向を探ろうといろいろと質問を重ねますが、富美子夫人は全身を耳にして記者の話に耳を傾けるばかりで、ついに何も語りませんでした。しかしながら、賢婦人、賢母で知られる富美子夫人の一部の隙もない応対ぶりから、お妃問題に対する真剣味が痛いほど伝わってきたと言います。

八月三十一日、佐伯記者は池田山の自宅の応接間で初めて正田美智子さんに会いました。隣には母親の富美子夫人が娘を守るように同席して、学校生活や間もなく出発するヨーロッパのことを話していたのですが、話題が皇太子殿下のことに触れると、間髪を入れず富美子夫人は「そのお話はダメ。あなたはもう失礼してお部屋に上がりなさい」と美智子さんを別室にひきとらせてしまいました。キビキビした富美子夫人の態度から、水も漏らさぬ警戒態勢がうかがわれます。

美智子さんは九月三日から聖心同窓会世界大会のためベルギーへ旅立ちました。美智子さんをなんとか世間の注目から引き離し、守りたいという親心のゆえでした。

九月十八日の午後、佐伯記者が正田邸を訪ねたとき、富美子夫人は二度三度と不安を口にされたそうです。

「一般家庭の娘が宮中へ入って、特殊な伝統の重みと、複雑な慣習、入り組んだ人間関係にたえられるだろうか」

「兄弟たちの生活がそれでしばられることにはなるまいか」

当時、佐伯記者は、このお話を実らせたいという思いもあって、折に触れて、宮内庁サイドの情報を富美子夫人に伝えていました。深夜遅くまで正田夫妻と一緒に過ごしたこともあります。佐伯記者は「正田家と宮内庁との伝声管」と言われたほど、正田家の信頼が厚かったのです。

吐露《とろ》された結婚への思い

昭和三十三年十月二十六日に、正田美智子さんがベルギーからハワイ経由で帰国し、皇太子殿下の電話でのプロポーズ作戦が始まりました。以下、当時の佐伯記者の記事をもとに見てみましょう。

十一月三日、正田夫妻、兄の巌《いわお》さん、美智子さんの四人は箱根の富士屋ホテルで家族会議を開いていました。佐伯記者は正田一家を追いかけて現場に向かいます。

富美子夫人はピリピリした表情で、「今日は半日、家族で深刻な話し合いをしました。心も高ぶっていますので、あまり立ち入った話はやめてください。時の流れに流されてしまうのは、私は嫌なのです」と言いました。美智子さんの表情も疲れ切っており、取材は無理かとも思われたのですが、美智子さんは佐伯記者の単独インタビューに応じました。二十分だけでしたが、ロビーの片隅で話をすることを特別に許可されたのです。

約束の二十分はすぐに過ぎました。「約束ですから——」と佐伯記者が引き下がろうとすると、美智子さんは自分から切り出しました。

「私なんかにみなさんが旅行の話をお聞きになるのは、そのこと自体が目的ではないってことはわかっています」

まったくその通りでした。それから美智子さんは堰《せき》を切ったように語り出しました。穏やかな微笑は消え、黒目がちのまなざしはひたむきに佐伯記者を見つめたままでした。

「こんなことをいっていいかどうかと思いますが、ひとつだけわかっておいていただきたいの。もし、私がどんな方とごいっしょになることになっても、それはその方自身が、ほんとうに私の結婚の理想にあてはまる方だからということです。私はこれまで私なりに結婚の理想や、理想の男性像というものをもってきました。その理想を、ほかの条件に目がくれて曲げたのでは決してないってことを——」

ご辞退も二度、三度

五日後の十一月八日、五反田の正田邸で取材を受けた富美子夫人は、大きなヤマを越えた印象だったといいます。しかし、それは安らぎや喜びとはほど遠いものでした。夫人はこめかみを押さえながら、こぼれ落ちる涙をもふかず、独り言のように、また心の奥底から絞り出すように言いました。

「皇室を尊敬はするが、神さまとは決して思わない教育を、戦前から私たちはしてきました。そして、皇太子という身分、地位は私の方としてはマイナスの条件としか考えられなかったのです」

そんな母の心を、皇太子殿下のやさしいお言葉が溶かしていきました。

「とてもヒューメン（人間的）で誠実な殿下のご意向が、直接美智子に伝えられました。ふつうの縁談とまったく同じに考えるように——という思いやりにあふれたお言葉が……」

正田家はそれまで数度にわたり辞退したのです。それを受けて、殿下ご自身が直接、正田美智子さんに対して電話でプロポーズされたのです。

このとき、受け入れる美智子さんの側にも十分な愛情が育っていたに違いありません。

実質的な承諾の返事が、正田夫妻から東宮御教育常時参与として殿下の教育係を担当していた小泉信三氏に伝えられたのは、十一月十三日の朝でした。

3 二十年間変わらぬ師弟愛

和歌を心の支えに初産を乗り越える

美智子さまのご懐妊が正式に発表されたのは、ご成婚から五カ月後の昭和三十四年九月十五日のことでした。

和歌の先生であった五島美代子師は、美智子さまのご入院直前まで渋谷の東宮仮御所でお歌を指導されていました。初産《ういざん》におびえる美智子さまに、二十年前に美代子師が書かれた自分の出産の手記をお見せして、「自然の波に乗るように素直にお身をお任せになりさえすれば、自然に苦痛は耐えられます」と励まされたのです。

陣痛が始まったとき、美智子さまは枕の下にメモ用紙を置き、陣痛と陣痛の間に和歌を考えていらっしゃいました。まさに産みの苦しみの中で精神を集中され、和歌をお詠みになったのです。

出産予定日より一週間ほども早い、昭和三十五年二月二十三日、美智子さまは宮内庁病院に入院されました。これまで産所は御所に設けられるのが習慣でしたが、病院でのお産は美智子さまが皇族第一号になったのです。

出産の担当医、御用掛《ごようがかり》は小林隆東大教授、医療機器の分娩監視装置も新進気鋭の坂元正一東大講師によって初めて導入され、美智子さまの病院出産は万全の態勢で進められました。

十五時間におよぶ陣痛に耐え、午後四時十五分、元気な親王殿下をご出産になりました。体重二五四〇グラム、身長四十七センチ。最初のご出産で浩宮徳仁《ひろのみやなるひと》親王を産まれた美智子さまは、誠に強運なお妃でした。

女のお産は武士が戦場に臨むのと同じ

浩宮さま出産から五年後の昭和四十年十一月、礼宮《あやのみや》文仁親王ご出産の折に、美智子さまは臨月に入られても「歌会始の歌を仕上げておきたいので」と五島美代子師をお呼びになり、作歌に精進しておられました。

美代子師がうかがうと、美智子さまのご体調が少し悪く、白羽二重《しろはぶたえ》に赤を重ねたお寝間着で横になっていらっしゃいました。五年ぶりのお産に、「何か少し震えてしまいます」との美智子さまの言葉に、美代子師は励ましの思いを込めて次のように申し上げたのです。

「昔の武士が戦場に向かうときは一度、必ず震えが来るそうで、それを武者震いと申します。一度も震えないのは根っからの馬鹿なのだそうでございます。女のお産は武士が戦場に臨むのと同じでございますから、せいぜい武者震いをあそばして立派なお産をなさいませ」

美智子さまは根っからの「馬鹿」というところでちょっとお笑いになり、落ち着かれました。その後、お歌を一首、美代子師にお示しになりました。師は「くれぐれもお心持ちを安らかに」と申し上げて、お帰りになりました。そして、間もなく美智子さまは宮内庁病院に入院されたのです。

先生の一番好きな桜が咲きました

五島美代子師は昭和五十三年の初め、肝硬変で東京・大塚の癌《がん》研究会附属病院に入院されました。師の急を聞いてお見舞いに訪れた美智子さまは、美代子師のお歌に対して返歌を詠まれています。

いまひとたび朝山桜みひたひに触れてわが師の蘇《よみがへ》らまし

桜は美代子師と美智子さまにとって特別な花です。桜が大好きだった美代子師のために、美智子さまは、「一番初めに咲いた花を先生にお目にかけたいのです」と、その年に初めて咲いた東宮御所の桜の枝を、毎年必ず届けられていたのです。四月七日、美智子さまのお使いで東宮女官が桜の大枝数本を病院に届けました。病床の美代子師は「美しい」と言って顔を花に近づけました。

「美代子先生の一番好きな桜が咲きだしましたので、お目にかけます。どうか一日も早くお治りになっていただきたく、お治りになったら御所のお花見にいらしていただきます。茂先生（美代子師の夫）もおからだくれぐれもお大切に」という美智子さまのお言葉が伝えられました。美代子師は「こんなに美しい花は見たことがない」と桜の花に目を輝かせたといいます。

一週間後の四月十五日、五島美代子師は永眠されました。

皇室に嫁がれてからめったに会えない母の面影を、美代子師に投影していたのでしょうか。昭和三十四年の「ご進講」で出会ってから約二十年、二度のご出産に入院直前まで付き添われた美代子師は美智子さまにとってお歌の師でもあり、母のように慕うかけがえのない存在だったのです。

4 信じて任せる

わが子を見守るあたたかい目

昭和三十四年四月十日のご成婚のあと、皇太子殿下（今上陛下）と美智子さまの新婚生活は、渋谷区常磐松の東宮仮御所でスタートしました。翌三十五年二月二十三日に浩宮徳仁親王がご誕生、同年六月、元赤坂の新御所へお引っ越しなさいました。

幼い徳仁親王のことを、皇太子殿下と美智子さまは「ナルちゃん」と呼び、たいそうかわいがりました。

東宮御所のお庭には、自然のままの大木がたくさんあります。皇太子殿下は暇を見ては浩宮さまを連れ出し、切り株の上に乗せて、「ナルちゃん、そこから飛び降りてごらん」。するとナルちゃんがぴょんと飛び降りる。怖がらないように慣れさせる練習もなさいました。

殿下と美智子さまは、浩宮さまの一歳の誕生日のプレゼントとして東宮御所のお庭に砂場をおつくりになりました。両殿下がそろってスコップを持ち、公務の合間をぬって砂場をつくられたのです。砂場は縦が四メートル、横が二メートル、深さが三十〜四十センチくらい。なるべく土の上で遊ばせて足腰の強い子に育てたいというお二人のお考えが伝わってくるようなプレゼントでした。

夏にはこの砂場にビニールシートを敷き、子供用のプールにして遊ばせました。

皇太子殿下の浩宮さまへのしつけは厳しいものでした。浩宮さまがお食事中いたずらをしたり、スプーンで食器をたたいたりするなど、お父様である殿下がいくら注意してもおやめにならないことがありました。そのとき殿下は「ナルちゃん、言うことを聞かなければ外に出ていなさい」とおっしゃったかと思うと、窓を開けて浩宮を芝生の庭に放り投げてしまったのです。

「ナルちゃんをよろしくお願いします」

浩宮さまが一歳のお誕生日を迎えたころから、皇太子殿下と美智子さまはご養育係を男性にしたいというお考えをお持ちでした。殿下は幼いころ、看護師や女官に取り巻かれ、過保護に育てられたため、のちに階段の上り下りすら怖かったというご自身の体験もあり、男の子の心身の成長を見守るにはやはり男性を、とお考えになったのです。

昭和三十六年五月十七日、殿下と美智子さまは浜尾侍従をお呼びになり、正式に浩宮さまのご養育係をご下命《かめい》になりました。侍従の中で一番若くて体力のある浜尾侍従にご養育係の白羽の矢が立ったのです。美智子さまはそのとき、「浜尾さん、ナルちゃんをよろしくお願いします」「ナルちゃんが人間《ヒト》として立派になるよう育ててください」とおっしゃったそうです。浜尾侍従は「どこまでご期待にお応えできるか自信はございませんが一生懸命務めさせていただきます」と答えました。

養育係とはいうものの、浜尾侍従のおもな仕事は、浩宮さまのお遊び相手でした。そのとき浩宮さまは一歳三カ月。やっと片言のお話ができるようになったころでした。

浩宮さまはやがて、浜尾侍従の名字「はまお」の一字を取って「おーちゃん」と呼ぶようになりました。

信じて任せることの大切さ

美智子さまはお忙しい中でも、公務のない時間は極力母親として浩宮さまのお相手をされていました。

美智子さまが一番気になさっていたのは、ご自分が浩宮さまの相手をしているときと、侍従や看護師などがお相手をするときとで、方法に食い違いがあってはならないということでした。そこで、美智子さまは外出される前には、その日の過ごし方と、そのつどの注意点を記された日課表を浜尾侍従にお渡しになりました。

美智子さまは浩宮さまの人格形成のため、浜尾侍従に細かな指示を与えられました。まず「していいこと」と「してはいけないこと」を区別するためのしつけです。美智子さまは浜尾侍従に、ナルちゃんが「してはいけないこと」をしたときは「いけません」と叱ってください、と指示されました。言葉で言ってもお聞きにならないときは、身体で覚えていただくこともあるというのが、美智子さまのお考えでした。お尻を叩く、廊下に出す、庭に立たせる、戸棚に閉じ込める。どうしても言うことを聞かないとき、浜尾侍従はやむを得ず心を鬼にして浩宮さまを戸棚に入れ、電気を消したのです。そのとき浩宮さまは「おーちゃーん、ごめんなさい」と泣き叫ぶのでした。

二階にいた皇太子殿下と美智子さまは何事かと降りてこられて、浩宮さまを叱っている浜尾侍従の姿をご覧になりました。

しかし、浜尾侍従が浩宮さまに体罰を与えているのをご覧になっても、殿下と美智子さまはかばったりせずに、「ナルちゃん、なぜ浜尾さんの言うことが聞けないのですか」とおっしゃったのです。信じて任せるご両親の理解と協力がなかったら、浩宮さまのご養育係など務まらなかったでしょう。

習うより慣れろの体験教育

皇太子殿下と美智子さまは、一般国民と異なった雲の上のような生活は避けたいと一貫して考えておられました。

しかし、一般家庭の子どもと違って、浩宮さまはいずれは皇太子、天皇になるというお立場があります。そのため、お二人は浩宮さまが一歳になったころから、しつけと同時に将来に備えての帝王学ともいえる教育も始められたのです。

将来、大勢の人の前でお言葉を述べなくてはならない皇族の仕事。ある日突然できるようになるものではありません。できるだけ小さいときからそうしたことに慣れさせておこう、というお二人のお考えがありました。

方針となさったのは「習うより慣れろ」の体験教育でした。

たとえば、お客様がお見えになったとき、両親がご挨拶をされるとき、浩宮さまもおそばに呼ばれることが多くなりました。勤労奉仕団へのご挨拶もその一つです。

昭和三十年代、勤労奉仕団は全国各地から二〇〇～三〇〇人くらいが一団となって毎日のように東宮御所を訪れていました。皇太子殿下と美智子さまは、昼食の前に御所の正面玄関で彼らにご挨拶なさっていました。お二人はそこへ小さい浩宮さまを連れて出られるようになったのです。

まず、奉仕団の地域と人数を当直の侍従が紹介します。すると殿下が各グループの近くに行かれて、「遠いところをどうもありがとう」「ご苦労様です」などとお言葉をかけます。美智子さまは静かにお辞儀をして労をねぎらっておられました。

当時「勤労奉仕団ご会釈」を取材の折、こんな状況を目のあたりにしました。元赤坂の東宮御所には、遠く青森や熊本などから来たお母さん方が、かいがいしく庭の手入れや草むしりをやっています。全員エプロンに〝姉さんかぶり〟というスタイルでした。そこへ美智子さまにお手をひかれた幼い浩宮さまのお出ましです。

美智子さまは「ご苦労さまです」と奉仕団に声を掛け「ナルちゃんご挨拶は？」とおっしゃいました。水色のロンパース、小さな白いゴム長をはいたナルちゃんは、一歩二歩と進み出て「ゴキゲンヨウー」とはっきり発音し、語尾の「ヨウー」を十秒ほども長くのばしておじぎをしたのです。

その愛らしいしぐさにお母さん方から「ワァ」と歓声があがりました。「宮ちやまお利口ちゃん」「ナルちゃん万歳」と現場はたいへんな盛り上がりでした。小さい宮さまのご挨拶で「国民と共にある皇室」をアピールされた利発なお母さまの姿は、過ぎ去ったことなのに記憶の底からよみがえってきます。

ナルちゃん憲法

美智子さまが心配なさっていた点はほかにもありました。自分のことはなるべく自分でさせること。ご挨拶など日常の礼儀を守ること。「おはようございます」「ごきげんよう」「ありがとうございます」「さようなら」など、きちんとした挨拶は子どものころからしつけなければ、なかなか身につきません。

浩宮さまがまだご自分で靴ひもを結ぶのは難しかったころ、お庭に遊びに出ようとする浩宮さまの靴ひもを浜尾侍従がお手伝いして結んでいました。少しの間も惜しい浩宮さまは、すぐにでもお庭に飛び出していきそうです。

そんなとき、浜尾侍従はすかさず「宮ちゃま、ありがとうは？」とお声がけしたのです。人に何かをしてもらったとき、「ありがとう」とお礼を言うことも大切なしつけだったからです。浩宮さまは走りながら後ろを向いて「おーちゃん、ありがとう」とおっしゃったのでした。

浜尾侍従がご養育係になって半年が過ぎたころ、美智子さまはこうした教育方針をルーズリーフのノートに記録なさるようになりました。これがのちに「ナルちゃん憲法」として知られるようになるものです。

5 深い悲しみを乗り越えて

美智子さま人生最大の危機

昭和三十八年三月二十二日の『入江相政日記』には、「(前略) 東宮妃は三時半頃宮内庁病院に入院。すぐオペラチオンとの事」という記述が書き残されています。

じつは、三月四日に第二子ご懐妊と発表されていましたが、美智子さまのご体調が思わしくなく、三月二十二日に御用掛の小林隆東大教授によって流産の処置がとられました。

流産後の美智子さまは、四月十七日から七月二日まで葉山の御用邸で静養されました。出発前、「みなさんにご心配をおかけしてごめんなさい」とコメントされています。同行者は東宮侍従、女官、東宮侍医、看護師、それに大膳（食事係）という最小限の人数でした。

流産によるご体調はなかなか回復されませんでした。当時の朝日新聞にも次のように書かれています。

「宮内庁侍従職の話によると、美智子妃は、皇太子さまとのご婚約前のヨーロッパ旅行、帰国されてのご結婚、浩宮さまのご誕生に続いて数度にわたる外国旅行などで、お体が休まる暇がなかったうえ、皇太子妃としての立場上、公務その他で精神的なお疲れが見受けられ、心身のご疲労が累積されたという。手術後、経過は順調だが、食欲が少なく、ときには三十七度五分前後の熱を出されることもある」

葉山御用邸での美智子さまは、環境の激変とご疲労で体重が十一キロも減っていたのです。ほとんどお話もなさらず、読書をされる日々でした。

お話もしたくないといったご様子で、用事がおありのときは、ドアの隙間から用件をお書きになったメモを差し出して、ご用を足していたそうです。葉山でのご静養は二カ月半にもおよんだのです。

黙して語らずひたすら耐える

毎週末、皇太子殿下が三歳の浩宮さまを連れて美智子さまをお見舞いなさいました。

このとき、美智子さまのお父様、正田英三郎氏も葉山にお見舞いに訪れ、美智子さまとご一緒に油絵を描かれたり、お散歩もされたといいます。のちに、英三郎氏は当時を振り返ってこう話されました。

「あの時は、私も葉山に行き、リラックスさせるために一緒に絵をかいたりしました。家内も毎日付き添うわけにいかんし、ああいう時は心配で辛いところがありました」(『「週刊新潮」が報じたスキャンダル戦後史』より)

もし実母が見舞えば、美智子さまが思いのたけをお母様に告白する恐れがあります。それは結果的にはお母様にも重荷を背負わせることになるのです。

お妃教育の折、入江侍従の宮中慣習では「何事もご自分の胸に納める」がお心得のテーマでもありました。女性にとって、黙して語らず、ひたすら耐えることがどんなに厳しいことでしょうか。美智子さまは、入江侍従からの教えを固く守られたのです。

七月二日、美智子さまは葉山でのご静養を終えていったん東京へ戻られ、七月八日、東宮ご一家は軽井沢へ向かわれました。

私は、まだ新幹線もなかった上野駅の信越線ホームで、急行「白山」に乗車になる直前の美智子さまを取材しました。

そのときの美智子さまは、お顔こそお美しかったけれども、痛々しいほどにお痩《や》せになり、白地に濃紺の水玉のワンピース姿で、ウエストが折れそうなぐらい細かった映像が残っています。白のバスケットを持ったナルちゃんのお手をつなぎ、寄り添う皇太子殿下。八月いっぱい思い出の地・軽井沢で静養され、心身の元気を取り戻し帰京されました。

のちの会見で、美智子さまは「軽井沢の自然、木や草花や鳥の声など本当に好きで、今でも夏、列車が軽井沢に近づき、浅間山や離山が見えてくると懐かしさと嬉しさで胸がいっぱいになります」と語られています。美智子さまにとって、思い出深い軽井沢の地で静養されたことは、お元気を取り戻す何よりの時間となったのでしょう。九月に入り、山口県で行われた夏の国民体育大会にご出席され、本格的な公務復帰を果たされたのです。

秋も深まった十月二十三日、皇太子殿下は美智子さまを励ますため、奥日光の学習院の光徳ロッジに小旅行をなさり、お二人は夫婦水いらずのひとときを過ごされました。このとき殿下がご撮影になった、スカイブルーのVネックのセーターをお召しの美しい美智子さまが印象的でした。

皇太子妃としての自覚

その年の十二月。デンマークからマルガレーテ王女が来日しました。

昭和天皇、香淳皇后、皇太子殿下と美智子さま。天皇家二世代が写る貴重なお写真が残っています。ふくよかな和服姿の香淳皇后に対し、公務に復帰された美智子さまの和服姿は、肩が痩せて痛々しいご様子でした。それでも、堪能な語学力で、国際親善を精一杯お務めになったのです。

流産という、女性にとってもっともショッキングな出来事から驚くほど短期間で公務に復帰されたのは、美智子さまご自身の皇太子妃としてのご自覚と責任感、そして、皇太子殿下の愛情が何よりの処方箋でありました。

6 どんな立場でも丁寧に、節度を守る

正田家の家風

昭和三十四年四月十日のご成婚から五カ月。九月初秋の美智子さまご懐妊の取材で、私は池田山の正田邸で富美子夫人にお目にかかりました。

「そのご様子をお見上げして主人などもお喜び申し上げておりました」という富美子夫人の敬語を耳にしたとき、嫁いだわが子に敬語を使うというお立場の大変さ、事の重大さが伝わってきたことを記憶しています。

皇室には「里帰り」という風習はありません。

同じ東京に住みながら、美智子さまがご実家である五反田の正田家に里帰りさ

れたのは、銀婚式までの二十五年間で十数回に過ぎません。むろん、お泊まりなどは一度もありませんでした。

公務のスケジュールは目白押し、それにいざ実家に出かけるとなると、警備の手配も必要です。どうしても実家とは疎遠になりがちです。

当時美智子さまは、聖心時代の友人に「実家とは縁を切ったようなもの……」とおっしゃったとうかがいました。

富美子夫人が六十二歳のとき、東宮ご一家との交流をこうお話しになりました。

「皆さまがお思いになるほど私たちが窮屈に考えずに済むように東宮様が計らってくださいます。主人の還暦のときなどおそろいで、小さい方もお連れになってくださいましたし。まあ、私の具合が悪いからちょっと来て、というわけにはいきませんが、電話でもお取り次ぎくださいますしね」

そうはいってもなかなか会えず、電話もかけられないのが現実でした。

枡席で微笑む母と目礼を交わす

東宮御所に両親がうかがうのは、皇太子殿下ご夫妻と三人のお子様の誕生日や入学卒業などの慶事の折だけでした。それも東宮大夫《だいぶ》からの招待状を受けての訪問です。昭和六十一年十月、美智子さま五十二歳のお誕生日会見で記者がこう質問しました。

「妃殿下はご両親やご兄弟にお会いになる機会はございますか」

美智子さまはこう答えられました。

「両親、兄弟はどちらかというと遠くから見守っていてくれます。私のほうから皆に尽くせない心苦しさはあります。しかし節度を守っていきたいという、私や家族皆の思いを、寂しくても大切にしなければなりません」

こんなこともありました。

天皇家が大相撲をご覧になったとき、向こう正面の枡席《ますせき》にご両親の姿がありました。侍従からそれを知らされた美智子さまは、はるか彼方に母である富美子さんをようやく見つけ、お互いに微笑まれたというお話です。

「御礼かたがたお詫びまで」

富美子夫人ほど、嫁いだ娘との関係の変化を体験した方はいないように思います。

昭和三十三年十一月、皇太子殿下と美智子さんのご婚約が発表になると、全国各地から正田家にお祝いの品が届きました。

しかし、このお祝い品については、お手紙を添えて丁重に送り返しています。ただ千羽鶴と幼稚園から届いたクレヨン画だけは例外として受け取りました。正田家の節度と家風をよく表しているお手紙を紹介しましょう。

　この度は、図らざることになりました。ついては御鄭重《ていちょう》なる御言葉並に御祝いの品を賜り、厚く御礼申し上げます。私共といたしましては、ただ恐縮に存じおるのみでございまして、せっかくの御懇情《こんじょう》に対し、まことに失礼で、恐縮でございますが、この際、お祝い品などは堅くご辞退申し上げる心組みでございます。なにとぞ、御了承賜りますよう御願い申し上げます。

　失礼の至りでございますが、御礼かたがたお詫びまで。

正田英三郎

7 恩讐の彼方に

テレビカメラがとらえた衝撃の瞬間

昭和五十年九月三十日は、昭和天皇と香淳皇后がアメリカ訪問へご出発になる日でした。私はテレビ局でたまたま中継の受けを担当しており、このときの皇后陛下の衝撃的な映像に、危うくテロップを入れ間違えそうになったことを覚えています。

そのときの様子を伝える「週刊読売」昭和五十年十月十八日増大号の記事を少し長いですが引用してみましょう。

特別機「インペリアル1」のタラップのすぐわきにお並びになったのは、皇太子ご夫妻、常陸宮ご夫妻、秩父宮妃殿下、高松宮ご夫妻、三笠宮ご夫妻、そして、三木首相ご夫妻の順だった。天皇、皇后両陛下が、いよいよ機内にお入りになるとき、両陛下は各宮さま方のごあいさつに、いちいちていねいに返礼をなさる。とくに、天皇陛下は美智子さまにお辞儀をなさったあと、皇太子さまに「あとをよろしく頼みますよ」というように、深くお辞儀をなされ、皇太子さまも「お元気で」と最敬礼。数歩遅れた皇后さま、常陸宮さまにゆっくりとお辞儀をなさったあと、おや？　美智子さまの前を、無視みたいに、ひょいと飛ばして皇太子さまに、深いお辞儀!!　ヤヤッ、皇后さま冷たいじゃないか。ヨメハンだから省略しちゃったのかな？　テレビで見ているもんには、後ろ姿しかわからなかったが、そのとき、あの笑顔を美智子さまに向けていらしたか、いらっしゃらなかったか。あのカンジじゃ、ソッ気なかったんじゃないかな。

ここで〝下賤な人間〟は、すぐ連想しちゃう。

「やっぱりねえ、美智子さまは庶民出だもんね、ヨソモン扱いなんだね」

「さては、学習院一派が、たった一人の聖心をイビっているのか」

「だから……だから美智子さん、あんなにヤセちまったんだろうねえ」

そのときテレビの画面に、飛び立つ飛行機に手をお振りになる美智子さまのお顔がクローズアップ!!……(以下略)

のちに、浜尾元東宮侍従は次のように語ってくれました。

「私もテレビを見ていて驚きました。東宮侍従をしていたころ、美智子さまのお供で吹上御所に行ったときなど何か皇后さまの態度がよそよそしいことは感じたことがありました。それは美智子さまの人間性というより、そのご出身(平民)が美智子さまを孤立させることになっていたんだと思います。ただ、あのお見送りのときは人前で、それもテレビカメラの前のことですからね。美智子さまはやはり大変なショックをお受けになったと思いました」

「定例御参内」……一三〇〇回を超えるご訪問

歴代の皇太后陛下の御所は、みなお濠《ほり》の外にありました。明治天皇の昭憲《しようけん》皇太后、大正天皇の貞明《ていめい》皇后、いつの時代も天皇陛下の母君のお住まいは、お濠をへだてて別のところにあったのです。

平成に入り、陛下と美智子さまが皇太后良子《ながこ》さま（香淳皇后）に「スープの冷めない距離」にお住まいになっていただいたことは、国民にとって心和むことでありました。

昭和天皇が崩御されて十年以上の時が流れ、皇太后良子さまは平成十二年六月十六日に逝去されました。同年春には九十七歳のお誕生日をお迎えになりました。歴代皇后最長寿です。そんな人生の晩年を吹上大宮御所で過ごせたことは、陛下と美智子さまのあたたかい親孝行でした。

ありし日の姑・香淳皇后について美智子さまは、次のように述べられています。

「ご晩年もうお言葉を伺うことはできなくても、陛下と吹上御所をお訪ねし、皇太后さまとご一緒に過ごす一時は私にとり毎週毎の大切な時間であり、気がついた時には御所の一週間がその時を軸として巡《めぐ》っていたように思います」（『歩み』より）

美智子さまはご結婚以来、毎週、お子さま方をつれて陛下とお姑さまをお訪ねになりました。

定例御参内の記録によると、お会いになった回数は昭和天皇崩御以後で三七二回。昭和の時代を入れると一三〇三回にのぼり、「定例ご参内」として記録に残されています。

8 すべての人に「ありがとう」

「大丈夫よ」と手を重ね、被災者を癒やす

平成二十三年三月十一日に起きた東日本大震災。天皇皇后両陛下は、七週連続で被災者を訪問されています。美智子さまは病中の陛下を支えながら、黙々と過密スケジュールをこなされたのです。

両陛下は、四月末の宮城県に続き、五月には岩手、福島両県を訪問されました。岩手では、陛下と美智子さまは自衛隊のヘリコプターで北上山地を横切り、津波で壊滅的な被害を受けた三陸海岸を、上空から沈痛な表情でご覧になりました。

暖流と寒流が交わる世界有数の漁場も、津波の被害で目をおおうばかりの惨状。

中でも陸中海岸（現三陸復興）国立公園の真ん中あたりに位置する岩手県大槌《おおつち》町は、町長や町役場も津波にのまれる大惨事でした。

ヘリでご案内した達増《たっそ》拓也岩手県知事が「町長も津波で亡くなりました」と陛下に伝えると、陛下は「役場はどこですか」とお尋ねになりました。陛下と美智子さまは、平成九年に皇室三大行事にあたる「全国豊かな海づくり大会」でこの地を訪れ、稚魚を放流するなど、公務で一泊されたことがあったのです。

大会の翌朝、浜を散策された両陛下は、岸に寄せるリアス式海岸独特の「片寄せ波」をご覧になりました。岩場に咲く、純白の野生の浜菊をお気に召し、種を取り寄せられたのです。大切に育てられた浜菊は、毎年秋になると、東京・千代田の御所の玄関の御車寄せで真っ白な花を咲かせます。

大槌町ゆかりの浜菊を、皇后美智子さまは月次詠進歌《えいしんか》でこうお詠みになりました。

菊

我が君のいと愛でたまふ浜菊のそこのみ白く夕闇に咲く

「全国豊かな海づくり大会」のことを思い出された美智子さまは、「私たちが泊まった場所は」とお聞きになりました。お泊まりになった五階建ての浪板観光ホテルは三階まで浸水してもはや見る影もなく、現場をご覧になった美智子さまは、たいそう心を痛めたご様子でした。

大槌町の海岸付近は地盤が沈下し、名物「鳴き砂」の海岸も、津波の被害で失われてしまいました。美智子さまは陛下に「あのとき、あの海岸を散策されましたね」とお声をかけていらっしゃいました。

この日、釜石の避難所では余震がありました。

ガーンと響く大音響に、直前まで美智子さまと言葉を交わされていた女性は、思わず美智子さまの手を握ったのです。すると美智子さまは、その手にやさしくご自分の手を重ねられ、「落ち着いてください」と声をかけられました。そして、「こうした地震は今もあるのですね、怖いでしょう」とおいたわりになり、「大丈夫よ」と勇気づけられたとのことです。大槌町とご縁の深い「浜菊の御歌」は、公園になった美智子さまのご実家、東京・東五反田のお庭の出口にある小さな石碑に刻まれています。

延べ四千人もの被災者を見舞う

東日本大震災から三年。この間、両陛下がお見舞いした被災者は四千人におよぶという数字が出ています。

多くの市民が陛下と美智子さまをお迎えし、両陛下は歩みを止め、バスの窓を開けたりして、被災地の人々を激励しました。「元気をいただきました。ありがとうございます」と涙する被災地の人々。天皇皇后両陛下の訪問によって、震災による深い心の傷を、たとえ一時的なものにせよ、癒やされた人々もいたのではないでしょうか。

被災地では多くの自衛隊員、警察、消防、自治体職員が救援活動に携わってきました。こうした人々に対しても、両陛下は常に現場で「ありがとう」と声をかけていらっしゃいます。

この様子を渡辺允《まこと》元侍従長は「被災した人々や全国民に代わって『ありがとう』とおっしゃったともいえる。いろいろなお気持ちが全体からにじみ出るようなものではないでしょうか」と語っています。

震災当時、陛下は七十七歳、美智子さまは七十六歳でした。ご高齢の両陛下ですが、震災直後から積極的な行動を取られました。異例のビデオメッセージ発表。専門家や政府関係者を次々とお呼びになっての情報収集。そして、これまで前例のない七都県の連続訪問で被災者を直接お見舞いになったのです。

国民の幸せを祈る

平成二十四年六月に宮内庁長官を退任した羽毛田《はけた》信吾氏は、退任の記者会見で、在任中の印象深い出来事として、東日本大震災での被災者へのお見舞いをあげています。

これまで天皇家は国内や海外を訪れるとき、地元や相手国が準備した場所を訪れるのを基本としてきました。自分が行きたい場所よりも、相手がここに来てほしいと用意した場所に行く。それがこれまでの訪問先に対する両陛下の基本姿勢でした。しかし、今度の大震災では、陛下と美智子さまの側からの強いお見舞いの意向が働いたのです。被災地の訪問はいずれも宮内庁側から打診して実現しています。

主体的に訪問される陛下と美智子さまが、現場で被災者を直接慰問する姿勢は、宮中祭祀で国民の幸せを神に祈る姿と通じるものがあるのではないでしょうか。

9 弱き者の心に寄り添う

ついに実現した水俣訪問

平成二十五年十月二十七日、「全国豊かな海づくり大会」で熊本県を訪問中の天皇皇后両陛下は、初めて水俣《みなまた》市を訪れました。

今上陛下と美智子さまの水俣訪問がなかなか実現しなかったのは、皇太子妃雅子さまの祖父（故・江頭豊氏）がチッソ社長だったことの影響もあったと言われています。

このとき、陛下と美智子さまは初めて現地においでになり、被害者である水俣病患者に会って理解を深め、あらためて犠牲者に心を寄せられたのです。お二人の勇気と行動力、そして社会的弱者へのフォロー。陛下と美智子さまの水俣へのお出ましは、人生の集大成の一つと考えるのは私だけではないと思います。

これまで陛下と美智子さまは、すでに全国をお回りになっておられました。熊本にもめでたい行事のときには訪れたことはありましたが、弱者の心に寄り添うお二人らしく、今回、水俣市にも足を運ばれたのでした。

両陛下が花を供えられた「水俣病慰霊の碑」が立つ公園「エコパーク水俣」。ここは汚染された魚の入ったドラム缶三千本を使い、埋め立てられた公園です。

突然のお言葉

水俣病の「語り部」から苦難の歴史をお聞きになり、患者の多くが差別を恐れて病気を隠してきた実態をお知りになった天皇陛下は、水俣病語り部の人たちに対して、一分近くも異例の返礼の言葉を贈りました。

「本当にお気持ち、察するに余りあると思っています。やはり真実に生きるということができる社会をみんなで作っていきたいものだと改めて思いました。本当にさまざまな思いを込めて、この年まで過ごしていらしたということに深く思いを致しています。今後の日本が、自分が正しくあることができる社会になっていく、そうなればと思っています。みながその方に向かって進んでいけることを願っています」

このご発言は予定外のものでした。事前に「お言葉」が用意された行事以外で、陛下がこのように時間をかけ、思いを口に出されるのはきわめて異例のことです。高度経済成長のひずみである水俣病と、長年にわたって戦い続けてきた患者や家族にも、おだやかな表情が広がっていきました。

公式確認から六十年以上経った現在も、全面解決には至らない水俣病。この日、陛下と美智子さまは水俣湾を埋め立てた公園にある「水俣病慰霊の碑」に白菊を捧げ、深く一礼なさいました。

会場すぐ近くの市立水俣病資料館では、語り部活動をする患者たちや家族から水俣病の歴史の説明を受けた陛下は、「今はすっかり安全になったのですね」とお話しになったのです。

重症患者との面会が実現

美智子さまは、かつて患者救済運動の中心的存在であった故・川本輝夫さんの妻、ミヤ子さんたちに「本当に忍耐強く努力なさって。おつらくいらしたこととお察しします」と語りかけられました。

川本輝夫さんは、水俣市議会公害対策特別委員を長く務めた人で、「水俣」を長く追ってきたメディア関係者にはよく知られた人物です。

宮内庁によれば、両陛下は症状の重い患者とも面会したいと希望され、重症患者との面会がお忍びで行われました。資料館の隣にある熊本県環境センターに胎児性水俣病の患者二人を招き、約十分間、両陛下と懇談されたのです。

この実現の陰には『苦海浄土』の著者、石牟礼《いしむれ》道子さんからの手紙がありました。石牟礼さんからの手紙を読んだ美智子さまが訪問直前、「石牟礼さんのお気持ちを重く受け止めています」と電話したいきさつがあったのです。

水俣は日本の公害の原点の地であり、昭和天皇も今上陛下も美智子さまも長年関心を寄せてこられました。

在りし日の昭和天皇は、二度にわたり水俣を訪問していらっしゃいます。チッソがまだ日本窒素肥料と呼ばれていた時代、一回目は戦前の昭和六年、生産増産を奨励するために訪問されています。二回目は昭和二十四年、戦後の全国巡幸の折でした。

昭和天皇は水俣の自然破壊を予知して、次のような御製《ぎよせい》を残されています。

有明海の干拓を憂へて

めづらしき海蝸牛《うみまひまひ》も海茸《うみたけ》もほろびゆく日のなかれといのる

10 さりげなくお手本を示す

死は二人を隔てない

平成二十四年四月の宮内庁の会見では、ご葬儀の簡素化に関するご意向が発表されました。両陛下はご葬儀を「極力国民生活への影響の少ないものとするように」としており、宮内庁は、土葬ではなく火葬とすることや、天皇のお墓である「陵」の規模を縮小し、天皇と皇后を同じ陵に埋葬する「合葬」を検討するというのです。

両陛下が、羽毛田宮内庁長官を通じて意思表示したことは、宮内庁の関係者にも驚きをもって受け止められました。

検討項目のうち、火葬は歴史的には珍しいことではありません。

火葬が初めて行われたのは仏教が日本に深く根づいた七〇二年、持統《じとう》天皇の葬儀でした。

以後、次第に火葬が定着しましたが、一六五四年、後光明《ごこうみょう》天皇の葬儀以降は土葬に戻りました。国家神道体制の確立に向けて、大正十五年に皇室喪儀令が公布され、土葬は法制化されたのです。

第二次世界大戦後、皇室喪儀令は廃止され、皇族は火葬、合葬になりましたが、天皇皇后は土葬が続いています。

とくに目を引いたのは「合葬」の検討です。天皇皇后が合葬されたのは、第二十八代の宣化《せんか》天皇と橘仲皇女《たちばなのなかつひめみこ》、第四十代の天武天皇と第四十一代の持統天皇の二例のみです。

両陛下は、昭和三十四年の世紀のご成婚から五十年の金婚式をすでにすませており、簡素化とともに愛し合う二人が死後もすぐそばに埋葬されるのは自然の姿と考えておられたのではないでしょうか。

葬送の簡略化も視野に

じつは、数年前、美智子さまは御所に招かれた親しい知人に「もし私たちが土葬ではなく火葬にするとしたらどう思いますか。実は陛下はそうなさりたいというご希望を持たれているんです」と相談していました。宮内庁関係者も「両陛下が生前のうちから葬儀についてご意志が伝えられること自体が極めて異例のことです」と言います。

昭和六十四年に昭和天皇が崩御したとき、葬儀にあたる「大喪《たいそう》の礼」はきわめて大がかりなものでした。国家元首をはじめ、大使など世界一六四カ国の人々が参列したため、警備にも二十五億円、また棺を葱華輦《そうかれん》という巨大な輿《こし》で運び、東京都八王子市に約三十億円をかけてつくられた武蔵野陵に埋葬されました。結果、葬儀に使われた費用は約百億円とばくだいなものになったのです。

ちなみに、平成十二年に亡くなられた香淳皇后の武蔵野東陵建設の費用は、約十八億円。質素倹約を大切になさる両陛下は、国民のためにも葬送そのものを簡略化することをお考えになったのです。

理想の皇室像とは

東日本大震災で苦しむ被災者を間近でご覧になり、自分たちの葬儀に多額の費用をかけるわけにはいきません。国民に負担を強いるわけにもいきません。常に弱者の心に寄り添われてきた両陛下だからこそ、このようなお考えに至ったのでしょう。国民目線に立っている両陛下ならではのご希望なのです。

一時は両陛下で合葬もお考えになっていましたが、平成二十五年十一月には、美智子さまは「陛下とご一緒の方式は遠慮すべき」というお考えを発表されました。

このお考えはすでに皇太子殿下、秋篠宮殿下にも直接お伝えになり、両殿下も同意されたということです。

このご遺言ともいうべき発言。おそらく両陛下は今後の皇室を見据え、皇太子ご夫妻に象徴天皇としてのお手本を示されたのではないかと思われます。

もともと、皇室という世界は前例を大切にしてきました。しかし、皇室の在り方は時代とともに変化していかなくてはなりません。前例を大切にする宮内庁を動かすには、ご自分たちから発信していかなくては、理想の皇室像を築き上げることは難しいのです。このことを陛下と美智子さまは皇太子ご夫妻に示されたかったのではないでしょうか。

第二章

伝統と革新

守るべきものと
変えていくもの

1958年
テニスをする正田美智子さん。
東京都港区麻布の
東京ローンテニスクラブで

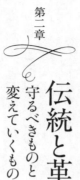

11 決してあきらめない

テニスコートの恋

皇太子殿下（今上陛下）と正田美智子さんが初めて顔を合わせた「テニスコートの恋」の舞台は、昭和三十二年八月十九日、軽井沢で開催されたABCDトーナメントダブルスの四回戦。皇太子殿下は早大生の石塚研二氏と組み、日清製粉社長令嬢・正田美智子さんはアメリカ系フランス人の少年ボビー・ドワイエと組んで対戦しました。スタンドには浜尾実侍従や殿下の学友の織田和雄氏、そして娘の試合を観戦する富美子夫人の姿もありました。

正田美智子さんは、白のスコートをひるがえしてボールを追います。まさかこの出会いが皇太子妃への道につながるだろうとは、母はもとより、当の娘ですら想像できないことでした。

美智子さんは、この年の三月十五日、聖心女子大学を首席で卒業しています。学業だけでなくスポーツにも秀でていました。当時、聖心のテニス部は全国の大学でもベスト5に入る強豪。その中で美智子さんはテニスの女王と呼ばれ、関東女子学生トーナメントにも優勝していました。今に残るランキングでは、女子学生ダブルス2位、シングルス4位だったのです。

テニスは今でこそ大衆的なスポーツになりましたが、昭和三十年代はまだ上流社会のステイタスシンボルでした。そのころ、美智子さんは東京・自由が丘の「加茂コート」でテニスの個人レッスンを受けていました。一家がすべて全日本選手権保持者という名門、往年のデビスカップ選手・加茂国夫氏のコーチのもとで、美智子さんはテニスに磨きをかけていたのでした。

皇太子殿下とペアを組んだ石塚氏は早稲田大学商学部の学生で、田園コロシアムのメンバーでした。さらに彼は清宮貴子《すがのみやたかこ》内親王のテニス相手でもあり、優れた技術の持ち主でした。

「打っても打っても返してくる」

美智子さんと少年のペアは、四回戦で皇太子殿下・石塚組と対戦することになりましたが、皇太子組の優勝の呼び声が高かったのです。

しかし、勝負は水物。接戦のすえ、正田・ドワイエ組が競り勝ちました。

「やられたな」

汗を拭き拭き、引き揚げてこられた殿下は、勝つはずの試合に負けたのに、意外にうれしそうでした。学友の織田和雄氏はそんな皇太子殿下の表情を目のあたりにした人物ですが、織田氏はそののち、殿下と美智子さんの決定的な瞬間に立ち会うことになるのです。

のちに、織田氏は私のテレビ取材に対してこう話してくれました。

「皇太子殿下が『打っても打っても返してくる。どんな球にもあきらめず食いついていこうとするあの粘り強さには負けた。ああいう女性もいるもんだね』と自分に言い聞かせるように感想を漏らされたのです」

ペアを組んだ石塚氏も、美智子さんのテニスを「壁に向かって打っているようにボールが返ってくるんです。どんなに強いボールを打ってもあきらめずに拾おうとなさる。粘り強い正確なテニスです」と評していました。

石塚氏は八月二十日に帰京しましたが、若い女性と少年に負けたショックでしばらくはラケットを持つ気にもならなかったようです。その後、石塚氏は私の取材に次のように語りました。

「あのとき『あのお嬢さんはどういう方で、どこの学校に通われているのか』と皇太子殿下が根掘り葉掘り私にお尋ねになったことを記憶しています。私は、今年聖心女子大を卒業された正田美智子さんという方でお父様は日清製粉の社長ですよ、とお教えしました」

「たまたまの出あひ」

秋も深まった十月二十七日、皇太子殿下は東京都調布市にある日本郵船テニスコートに美智子さんをお誘いになりました。その使者に立ったのは学友の織田和雄氏。このとき、殿下はご自分のカメラで美智子さんを撮影し、ポートレートに仕上げ、その写真を年末の「東宮職員写真展」に出品されました。

当然、宮内庁記者クラブの話題にのぼり、黒木従達侍従は「殿下がお撮りになった写真のモデルは誰ですか」という質問を多く受けました。黒木侍従は「あの方は殿下の単なるテニス友達ですよ」と答えましたが、そのときはまだ記者たちはそれ以上追求もしなかったのです。当時の常識では、皇太子殿下が恋をされ、自らお妃を選ばれることなど考えもしなかったからです。

正田美智子さんが皇太子妃の有力候補としてメディアに取り上げられるのは、昭和三十三年五月ごろからでした。

よく、皇太子殿下と美智子さまの出会いが仕組まれたお見合いだったという人がいますが、違います。

殿下と美智子さまの出会いをあらわす御製《ぎょせい》があります。このお歌には、「一年前の夏、妹より軽井沢会庭球部部内トーナメント出場についてのさそひに接せり。このトーナメントにて美智子と初めて会ふ。」という詞書《ことばがき》がついています。

たまたまの出あひつくりし電話の声耳に残りて未だ新し

殿下が恋をし、そのときめきが伝わってくるお歌ですが、歌中の「たまたまの出あひ」こそ、お二人のテニスマッチ四回戦の出会いが、まったくの偶然だったことを証明しています。この御製はご結婚十周年に五島茂・美代子夫妻を中心に、東宮職の有志も参加しプライベートにつくられた歌集『桐華選集《とうか》』に残っています。

たとえ皇太子殿下相手といえども、スポーツではフェアプレーの精神で、粘り強くボールを拾い返し続ける美智子さま。そこからは、誰に対しても誠実で、決してあきらめない姿勢が見えてきます。

12 温かい家庭、幸せな家族のために

史上初の民間出身

戦前、皇太子妃は皇族または特定華族（五摂家《せっけ》）から選ばれることになっており、それを基本方針としてお妃候補の選考が進められましたが、昭和三十年になっても決定的な候補は見つかりませんでした。皇太子妃選考は旧伯爵家以上の八百人もの令嬢をあたりながら暗礁に乗り上げ、宮内庁は大幅に計画変更を余儀なくされたのです。

昭和三十二年、昭和天皇の許可を得て民間に皇太子妃を求める準備を始めました。そこで聖心女子大学、東京女子大学、日本女子大学などに非公式に推薦を依

頼したところ、各大学からリストが送られてきた中で、「正田美智子」のお名前が聖心女子大のトップに挙げられていたのです。しかも、皇太子殿下自身が昭和三十三年二月ごろ、宮内庁参与の小泉信三氏に「この人も選考対象に入れてください」と候補に挙げていたのが正田美智子さんでした。

七月二十三日、葉山御用邸で宇佐美毅宮内庁長官、小泉信三宮内庁参与、鈴木菊男東宮大夫が、昭和天皇と香淳皇后に皇太子妃選考事情を報告しています。第一候補の正田美智子の名前を聞いて、香淳皇后は民間出身という意外さに驚愕し、問い返されたといいます。

長官は、旧皇族にも旧華族にも当たったが適当な方がいなかったと何度も説明して、納得していただいたのです。皇太子殿下もこれまでの事情を母上に説明し、説得に努めましたが、皇后は皇太子妃は旧皇族か旧華族から選ばれるものとばかり思われていたのです。当時の常識からは、それも無理のないことでした。

「どんな問題が生じても私は知りませんからね」

秩父宮《ちちぶのみや》妃の母君・松平信子さんは『入江相政日記』にもよく登場する、当時の上流社会を仕切る実力者でした。

佐賀藩主だった鍋島直大《なおひろ》の末の姫として生まれ、梨本宮伊都子《いつこ》妃の末の妹にあたります。松平恒雄外務次官の令夫人という立場で、外交官夫人の集まりである霞クラブのマナー指導は厳しく、想像を絶するものであったと語り伝えられています。

その松平信子さんが、皇太子妃選考作業から排除されてしまったことを危惧する向きもありました。決定を妨害し、反対する可能性が多分にあったのです。

「正田美智子さんに決定」という情報が松平信子さんの耳に入ったのは、正式決定の二日前でした。

「この先どんな問題が生じても私は知りませんからね。皆様で解決あそばして」

そう言って松平信子さんは、使者に立った黒木侍従をにらみつけたといいます。

この松平邸に、美智子さん付きに決まった東宮女官長の牧野純子さんら旧華族出身の女官クラスが、当時よく集まっていました。松平信子さんの姉上にあたる旧皇族梨本宮伊都子妃の日記（昭和三十三年十一月二十七日）をご紹介しましょう。筆の立つ貴婦人と言われた方です。

午前十時半、皇太子殿下の妃となる正田美智子の発表。それから一日中、大さわぎ。テレビにラヂオにさわぎ。

朝からよい晴にてあたゝかし。もう〳〵朝から御婚約発表でうめつくし、憤慨したり、なさけなく思ったり、色々。日本ももうだめだと考えた。

「家庭を持つまでは絶対に死んではいけない」

伊都子妃がこう書く数カ月前、美智子さんは聖心同窓会世界大会に出席するため、ヨーロッパに旅立たれますが、そのときの心中を友人への手紙に次のように書きつづっています。

「ご家庭なしでいままであそばしていらした東宮さまのいろいろなお話、そして、そんなにも家庭がほしかったということをうかがいますと本当にうかがった時だけでなく、一人で思い出す時もいつも涙が出て仕方がございません。〝家庭を持つまでは絶対に死んではいけないと思いました〟とお話くださったとき、私はいままでの自分の見聞の中にも、読みました小説の中にもこんな寂しい言葉はなかったと思いました。そして、その中を二十五年間もけなげにお歩きになっていらした東宮さまのために乏しい力の全部をあげて暖かいホームを作ろうと決心いたしました」

このときから、殿下の夢は美智子さまの夢ともなり、「温かい家庭、幸せな家族」を築いていく覚悟をなさったのです。

反対した人たちをもファンにしてしまう人柄

昭和三十三年十一月二十七日の婚約発表当日、皇室会議のあとの記者会見でも、美智子さんはインテリジェンスあふれる令嬢でした。

「とても清潔なお方だと思いました。とてもご誠実でご立派で、心からご信頼申し上げ、ご尊敬申し上げていかれる方だというところに魅力を感じました。これからは何でも殿下とご相談した上で……」

旧華族出身、女子学習院の同窓会常磐会の役員を務めた牧野女官長も、美智子さまの誠実な姿勢に惹《ひ》かれていったといいます。また、定例御参内による香淳皇后へのたび重なる訪問とお気遣い、美智子さまの明るく謙虚な性格に惹かれ、かつてはご婚約に反対していた人々も、のちに美智子さまのファンになったのです。

かつては反対されていた方からも、最終的には好かれる美智子さまのお人柄と影響力には驚かされます。牧野さんは十年にわたって東宮女官長を務めましたが、美智子さまの願いで予定よりも長く女官長をお務めになったのです。

女官長退職後も、美智子さまはご病気で入院中の牧野さんへ手づくりのスープをお見舞いにお持ちになるなど、亡くなるまでやさしいお心遣いを欠かさなかった、と私はうかがっています。

13 自ら台所に立ち、心を込めてお料理をする

東宮御所に初のキッチンをつくる

皇太子殿下（今上陛下）と美智子さまの新婚生活は、東京・渋谷の東宮仮御所でスタートしました。

ご結婚後、新しい東宮御所が東京工業大学の谷口吉郎教授の設計で元赤坂に建築されます。谷口教授は建築界の権威ではありましたが、御所の設計は初めてでした。

婚約中、皇太子殿下が美智子さまをお招きになったとき、よく新御所の間取りの打ち合わせをしておられました。殿下と美智子さまの打ち合わせの席で、美智

子さまは、皇子室は二部屋つくっていただきたい、またお料理ができるようなキッチンをつくっていただきたい、という希望をお出しになりました。

これまで、妃殿下方が台所にお立ちになる前例はありませんでした。

皇室のお食事は、「大膳」という料理係の仕事と決められていたのです。

美智子さまは、母・富美子夫人のご意向で聖心のころから石黒勝代先生にお料理を習われていました。豊富なレパートリーをお持ちで、お子様方のお弁当もご自分でおつくりになったのです。

お弁当づくりに精を出す

当時の取材エピソードを一つ紹介しましょう。

昭和四十三年、浩宮さまが学習院初等科三年当時のことです。私の友人が興奮して電話をかけてきました。

「美智子妃殿下からお電話があったの」

「え、何？　美智子妃はなんとおっしゃったの？」

「『昨日、ナルちゃんがお弁当の時間に何かたいへんおいしいおかずを頂戴したそうですが、そのつくり方をお教えくださいませんか？』とおっしゃったのよ」

電話を受けた友人は大変恐縮して、〝庶民的なおいしいもの〟のつくり方を美智子さまにお教えしたそうです。

それは、チーズをワンタンの皮で包み、サラダ油で揚げた家庭料理でした。

「お弁当の時間に、お隣の浩宮さまがうちの僕のおかずを『一つ頂戴』と召しあがって、『おいしい、もう一つ頂戴』と言われたんですって。それで美智子妃がうちにお電話をかけてこられたのよ」

エプロンをつけた母親がキッチンに立ち、子どもたちがおかずをほしがり、できあがりを楽しみに待つ。どこの家庭でも見られるごく普通のキッチン風景ですが、夫であり、父である皇太子殿下の目には、どれほどうれしく新鮮に映ったことでしょう。皇太子殿下は少年時代、ご両親とは別々に過ごされ、孤独な日々をお過ごしになったのです。

ご成婚六年目の秋、美智子さまがお料理の石黒先生に宛てた手紙があります。四十年前、石黒先生の親族の方から見せていただき、取材の際、メモさせていただいたものです。その一部をご紹介しましょう。

「(前略) お料理は難しくても、本当に楽しいものですね。一人で調理場の中をバタバタ歩きまわり、天火を開けたり、冷蔵庫を覗いたり、最後の仕上げに時間がかかりそうな時など、不安で胸がいっぱいになり、もう次から大膳に頼んでしまおうといつものように決まってそう考えますのに、お客様に喜んでいただき、東宮さまに褒めていただくと、また吸い寄せられるようにお台所に入ってしまう自分がおかしくなってしまいます。(以下略)」

子ども部屋にも心遣いを

ご婚約時代、新御所の間取りの打ち合わせの際、美智子さまは「皇子が転んでもいたくないよう皇子室の床は柔らかいものにしていただけませんか」という希望も出されています。美智子さまのご希望をかたわらで聞く皇太子殿下も、美智子さまのお言葉の一つ一つに相槌を打っておられました。浜尾氏の『皇太子さま雅子さまへのメッセージ』によれば、殿下は学習院初等科に入学されたとき、学校の階段が怖かった、とのちに回想されています。

お子様方の部屋は、明るい雰囲気で汚れの落ちやすいビニールの壁に、床は転んでもけがをしないスポンジシートにするなど、美智子さまの希望を入れた形で具体化されていったのです。

東京・元赤坂の東宮御所の落成は、昭和三十五年六月十四日。浩宮さまご誕生の約四カ月後のことでした。

14 千年続く制度をやめる

紫式部の時代から続く儀式

美智子さまのご懐妊が発表されたのは、ご成婚から五カ月目、お祝いの興奮も冷めやらぬ九月十五日のことでした。

皇太子殿下（今上陛下）にとっても美智子さまにとっても、ご結婚・ご出産は公的な意味を持つもので、さまざまな伝統行事がついてまわります。

たとえば「三箇夜餅《みかよのもち》の儀」は、平安朝以来千年の歴史と伝統を持つ儀式です。銀盤四枚に美智子さまの歳の数、二十四個だけ白い小さなお餅がそれぞれ盛られます。そこへ翼を広げて向かい合う、一対の銀の鶴を置き、左右の翼に銀の箸《はし》と柳の箸をかけわたします。子孫繁栄を願うお飾りで、皇太子ご夫妻の結婚初夜、寝室にこれが飾られました。

このお餅を準備するのは、三代にわたって夫婦がそろった家が選ばれて奉仕する習わしになっております。渋谷常磐松の東宮仮御所で第一夜を過ごされたお二人は、寝所の枕元に飾られた三箇夜餅に拝礼し、皇子誕生を祈願されました。三晩、ご寝所に飾られたこの三箇夜餅は四日目の早朝、仮御所のお庭の土中深く埋められました。皇子誕生を願う気持ちがこれだけの儀式を生み出しているのです。

天皇家初の病院出産

美智子さまは東宮仮御所がある渋谷区の保健所で、皇族初の母子手帳の交付を受けられました。経過は順調。妊娠五カ月目の戌《いぬ》の日に、一般でいう岩田帯《いわたおび》にあたる「仮着帯の儀」を経て、昭和三十五年一月二十三日、「着帯の儀」が行われました。これは妊娠九カ月目の戌の日に行われる宮中の公式行事です。帯親は、昭和天皇の弟君である高松宮殿下。着帯の儀では、年配の皇族男子が帯親に立つことが決まっています。

まず、「御帯進献《おんおびしんけん》の儀」が行われ、使者が届けた帯は宮中三殿に供えられ、清められます。高松宮殿下が届けられた帯の長さは三・六メートルで、紅白生平絹《きのひら》の帯は蒔絵《まきえ》の美しい箱に収められていました。皇太子殿下の見守る中、牧野女官長の介添えで着帯をされた美智子さまの安産が厳かに祈願されたのです。

予定日より約一週間も早い二月二十二日夜、美智子さまは陣痛を訴えられ、二十三日午前二時、宮内庁病院に入られました。

これまで皇族の産所は御所に設けられるのが習わしでした。病院出産は美智子さまが皇室初だったのです。担当医は小林隆東大教授。初めて分娩監視装置も導入され、出産は万全の態勢で進められました。

天皇家最後の乳人、竹中敏子さん

美智子さまは天皇家の歴史始まって以来、初めて母乳でお育てになりました。出産四日目から白衣とマスクをつけてご自分で母乳を与えられたのです。

『紫式部日記』にも登場するように、天皇家では「乳人《めのと》」が皇后やお妃に代わって乳を与えて育てる乳人制度がとられていました。今の天皇ご自身も、乳人によって育てられました。私はかつて、今上天皇の乳人を務めた竹中敏子さんを岐阜県池田町に訪ねました。

竹中さんは、昭和九年十一月に乳人としての辞令を受けました。

皇后ご懐妊と同時に、宮内省によって「乳人選び」が行われ、候補に挙がった女性は内務省が警察を使って本人はもちろん、夫、近親者に犯罪者、思想犯がいないか、徹底した身辺調査を行ったといいます。

「夜中の二時半にお乳を差し上げるのは私と決まっていました。お昼は皇后さまが差し上げますが、いつ御用があってもいいように、御所に待機していました。お乳を差し上げるときは入り口で一回消毒して、白衣に着替え、マスクをかけ、そしてもう一回消毒しました。それから看護婦さんが、私のお乳の消毒をして、膝の上に絹のお座布団を敷き、おだっこ申し上げるのですが、飛びついて召し上がるようなことはありませんでした。私が体をちょっと前に動かすようにいたしますと、おくわえあそばします。おくわえあそばしますと看護婦さんがストップウオッチでお測りになります。お飲み具合をご覧になっていて大体何グラム召しあがったのかストップウオッチでお測りになります。頃合いを見て『東宮さま、東宮さま、お止めあそばせ』と申し上げます。そういたしますと、お止めになります」

　昭和十年秋、大役を無事に果たした竹中さんは故郷の岐阜に帰りました。

村の鎮守の森にはお祝いののぼりが何本も立ち並び、皇太子殿下の乳人、竹中さんの帰郷は、金鵄勲章《きんしくんしょう》をもらって戦地から凱旋《がいせん》した勇士を迎えるようなにぎやかさだったそうです。記念写真の中央には、赤ちゃんを抱いた二十一歳の正装の竹中さん本人、左右には岐阜県知事夫妻、夫、舅、姑、両親、村長、親族一同が並び、村ぐるみの名誉とでも言いましょうか、戦前の日本人の皇室観がよく表れております。

　こうした乳人制度は、皇太子殿下と美智子さまの時代になって取りやめになりました。

　昭和三十四年四月十日の皇太子殿下と美智子さまのご成婚一週間後、渋谷の東宮仮御所で旧奉仕者お茶の会に招かれた竹中さんは、スーツの殿下と振袖の美智子さまの間で、紋付に丸帯の正装でした。お祝いのお写真を私に見せ、「これはあの世に持っていく生涯の宝でございます」と語ってくれました。

　このお茶の会に、竹中さんをきちんとお招きになるのは、恩を忘れない皇太子殿下と美智子さまの素晴らしいお人柄をよく表しています。

美智子さまはご結婚ご出産の折、皇室ならではのさまざまな伝統行事を尊重し、参加なさいました。

一方で美智子さまは、母子手帳の取りよせや千年続いた乳人制度の取りやめなど、近代的な皇室初の取り組みを殿下とともになさったのです。

15 若い二人を、少し離れてやさしく見守る

先帝喪中に婚約発表

礼宮文仁親王《あやのみやふみひと》と川嶋紀子さんの婚約が正式に発表されたのは、まだ昭和天皇の喪中でした。

平成元年九月十二日、若いカップルの婚約発表のファッションは、先帝陛下であるおじいさまの喪を意識され、礼宮さまも紀子さんも紺色の服を着用されて婚約会見に臨まれました。

初々しい紀子さんは、記者団に「初恋ですか」とマイクを向けられると、やおら礼宮さまのほうを向いて、「申しあげてもよろしいですか」といかにもうれし

そうに尋ねました。礼宮さまは微笑んでうなずかれ、お許しを得た紀子さんははにかみながらも、はっきりと「はい、そうでございます」と答えたのです。

この二人のやり取りに記者団も好感を覚え、あらためて開かれた平成の皇室を実感したのでした。

日本一の旧家・天皇家が長幼の序をくつがえし、兄より先に弟の恋愛が認められ、婚約が発表されました。

母である美智子さまは、成長した次男・礼宮文仁親王との間にある程度の距離を置き、川嶋紀子さんとの五年に及ぶ交際を見守ってこられたのです。

たとえば、元赤坂の東宮御所のテニスコートでご兄弟やお友達も含めてテニスの試合をなさるとき、必ず紀子さんもお誘いになり、ご自分も参加されました。外苑のイチョウ並木から青山通りに出て、伊藤忠プラザのレストランでお友達とご一緒にお食事をなさいます。

美智子さまは、いつも「紀子ちゃん」とお呼びになっていました。母親として、息子のガールフレンドを少し離れたところから、やさしく見守られていたのです。

「3LDKのプリンセス」のハートを射止めた礼宮さま

次男坊である礼宮さまの行動力にも、あらためて驚かされました。皇族の結婚といえば、これまではたいてい宮内庁が動いてお妃候補を探します。礼宮さまは大学の後輩の中から自力で結婚相手を見つけ出したのです。

礼宮さまが顔見知りの大学の書店の主に、軽い気持ちで「いいお嬢さんいませんか」と尋ねたところ、書店の主は「川嶋先生のお嬢さんですよ」と言って紀子さんを紹介したのがきっかけです。

プロポーズは目白駅前交差点でした。

「私と一緒になってくれませんか」という礼宮さまに対して、紀子さんは「よく考えさせていただけませんか」と答えたそうです。

一目惚れした礼宮さまは、若い行動力で自然文化研究会というサークルを立ち上げ、のちに妹・紀宮さまの夫となる高校からの友人、黒田慶樹《よしき》さんらと川嶋紀子さんをしっかりと取り込んでしまったのです。黒田さんは高校時代から同じ写真部の副部長として、部長だった礼宮さまを支えてきた親友の一人でした。

当時、川嶋紀子さんは学習院の職員住宅七十数平方メートルのマンションに、両親と弟の四人で暮らしていました。婚約発表以来、紀子さんは毎日トレーニングパンツにTシャツという出で立ちで、婦人警官を一人つけてジョギングを続けていました。

この紀子さんの質素で健康的なライフスタイルは、国民から好感をもって迎えられ、「3LDKのプリンセス」として人気が出たのでした。

伝統の織り柄「明暉瑞鳥錦」

美智子さまの紀子さんに対する温かな心遣いは、ご結婚まで続きます。一般の結納にあたる「納采《のうさい》の儀」にあたり、ご自身で東京・世田谷の京和工芸で、紀子さんのお振袖をお誂《あつら》えになりました。

紋様は、平安時代の貴族の遊び「貝合わせ」をイメージした貝桶《かいおけ》紋様、貝は女性の貞節の象徴とも言われています。お振袖の裾には、波頭でななめに道長取りした紋様に梅の花を散らし、肩にはおめでたい松をあしらっています。このお振袖が紀子さんのもとに届いたとき、紀子さんのお喜びはいかばかりであったでしょう。帯も、美智子さまが若いときにお使いになった、唐錦《からにしき》菊葉紋の丸帯と同じ柄の色違いを用意されました。

京和工芸の主人は、私の取材に「ご注文を承ったとき、てっきり（長女の）紀宮さまのお召し物と思っていました。出来上がり、お届け先を聞いて本当にびっくりしました」と答えています。

このお振袖は、店のショーウィンドウに飾っていただき、ガラス越しに取材撮影をして放映することができました。

このほかにも、ご成婚当日お召しのローブ・デコルテは、美智子さまが紀子さんのために京都西陣の龍村美術織物でお誂えになったものです。この明暉瑞鳥《めいきずいちょう》錦《にしき》のモチーフは、昭和三十四年四月十日のご成婚の折に、若き日の美智子さまがご着用になったものがもとになっています。

明暉瑞鳥錦の織り柄は、美智子さま、紀子さま、雅子さまと妃殿下三方に受け継がれ、妃殿下をいろどるゆかりの織り柄となりました。

五年に及ぶ交際をやさしく見守ってこられた美智子さまは、先帝の喪中だったうえ、長幼の序をくつがえすことにもなりましたが、それを変える勇気と母としてのやさしいお心遣いで、次男の恋愛と婚約発表を認められました。

もちろん、これには天皇陛下のご理解とご指導があったことは言うまでもありません。

16 初孫を迎える喜び

礼宮さまご結婚

平成元年一月九日、平成の御代《みよ》の陛下となられた今上天皇は、「即位後朝見《ちょうけん》の儀」で次のように宣言されました。

「皆さんとともに日本国憲法を守り、これに従って責務を果たすことを誓い、国運の一層の進展と世界の平和、人類福祉の増進を切に希望してやみません」

国民への呼びかけは「皆さん」。「ですます」調の柔らかなスタイルに、国民は新時代の息吹を実感したのです。侍従や天皇家出入りの人々などの呼び方も、「浜尾さん」と「さん付け」になりました。

平成二年六月二十九日の午前十時過ぎから、天皇家の次男、礼宮文仁親王殿下(当時二十四歳)と、学習院大学教授川嶋辰彦《たつひこ》氏の長女で同大大学院生、紀子さん(同二十三歳)の「結婚の儀」が皇居・宮中三殿の賢所で古式ゆかしく行われました。

天皇家のお子様のご結婚は、常陸宮殿下以来じつに二十六年ぶり。式後、礼宮さまは「秋篠宮」の宮号を贈られ、新宮家を創立されたのです。

「結婚の儀」の参列者は、皇太子殿下や紀宮さまなど皇族方、海部《かいふ》俊樹首相ら三権の長、タイのシリントン王女や川嶋家親族など、一五四名です。

午前十時八分、垂纓《すいえい》の冠に黒の束帯姿の礼宮さまと、大垂髪《おおすべらかし》に撫子《なでしこ》重ねの十二単《じゅうにひとえ》姿の紀子さんは、掌典の先導で回廊をまわって賢所に入られ、正座されました。向かって右の座に礼宮さま。左に紀子さん。

まず、礼宮さまが手にした笏《しゃく》を顔の高さに掲げて立ち上がったあと、再び座り、腰を直角に曲げて拝礼する「起拝」を二度繰り返します。檜扇を手にした紀子さんもそれに合わせ、正座のままひれ伏されました。続いて礼宮さまがふところから墨書きの告文を取り出し、「これからのち相むつみ、相親しみ、永遠に変わらないことをお誓い申し上げます」という趣旨のことを、大和《やまと》言葉で読み上げられたのです。

賢所で「結婚の儀」を挙げ、晴れて秋篠宮ご夫妻となったお二人はこの日、午後三時から宮殿、松の間で「朝見の儀」に臨まれました。結婚後初めて天皇皇后両陛下に対面し、親子固めの杯を交わされたのです。

祝賀ムード一色に

秋篠宮殿下は誠によき伴侶を選ばれました。サークル活動で交際を深め、横断歩道で信号待ちのプロポーズをしたことは国民の話題になりました。

ご両親陛下の「テニスコートの恋」から三十年余り。３ＬＤＫからのお嫁入りも、国民の好感を呼びました。

ご両親の記者会見で、紀子さまの父・川嶋教授は「オールウェイズ・スマイルで自由闊達に育てた……」と言われ、これに対し母・和代さんは「あまり自由すぎるのもどうかと存じます。私は、ある程度の規制をもって厳しく育ててまいりました」と話されたのが印象的でした。

礼宮さまのご結婚は、六月二十九日付の官報でただちに告示されました。皇族となった紀子さまの戸籍は「皇族の身分を離れた者及び皇族となつた者の戸籍に関する法律」に基づき、この官報を証拠書面として、同日午後、除籍手続きが取られました。除籍は本籍のある和歌山市の市役所で行われ、宮内庁職員が父、川嶋辰彦氏に代わり届出をし、紀子さまは文仁親王妃として新たに皇統譜に登録されました。

眞子さまご誕生

平成三年十月二十三日、午前十時に定期検診を受けられた紀子さまは、予定日より一週間早く、そのまま宮内庁病院に入院されました。そして、秋篠宮さまの激励の言葉に見送られて分娩室に入った紀子さまは夜も更けた午後十一時四十一分に、体重三二三八グラム、身長五十センチの内親王を無事出産されました。お名前は眞子内親王。担当の主治医・坂元正一東京大学名誉教授が「大変立派なお産で一〇〇点満点を差し上げます」と評されたほどでした。

この坂元教授は、美智子さまの初産のときに講師として分娩監視装置を担当されていた方で、皇室に縁のある方といえます。

坂元教授は「自分が出産に立ち会わせていただいた秋篠宮さまのお子様ですから感無量のものがございました。目元は紀子さま、お顔の輪郭は殿下似のかわいい赤ちゃんですよ」とおっしゃいました。

ちょうどこの日は、オランダのベアトリクス女王来日中の返礼晩餐会がホテルオークラで行われていました。間もなくご出産の知らせで、パーティーに出席していた秋篠宮殿下は、中座されて宮内庁病院に駆けつけました。親子の初対面をされた二十五歳の若き父親は、「私に似て可愛い！」とおっしゃったそう。

以下、坂元教授の証言を続けましょう。

「その後、早くも両陛下がお見舞いにいらしたのです。両陛下が病院に入ってこられたときに、お二方とも元気で全く異常はありませんと申しあげましたら、両陛下と皇太子さまお三人とも、ご苦労様でしたとおっしゃって、お部屋に入られました」

陛下がこんなに早く初孫の赤ちゃんとご対面になったということは、異例なことだといいます。

両陛下はよほどうれしかったのでしょう。なんといっても、初孫なのですから。秋篠宮殿下は大変親孝行をなさったわけです。

のちに皇后美智子さまは、初孫誕生の喜びをこう詠まれました。

草生

春の光溢るる野辺の柔かき草生《くさふ》の上にみどり児を置く

平成三年十月秋篠宮家に内親王誕生

17 文化伝統を孫たちに伝える

宮中で行われるお祭り

東宮女官から御用掛まで、三十年も御所にお勤めになった和辻雅子さんは、宮中で行われるお祭りの日の御所の様子を、『ひと日を重ねて』で次のように伝えています。

「新嘗祭の折などには、祭祀が深夜に及び、皇后様は御装束をお召しになり、古式ゆかしいお姿のまま、御拝を終えられた陛下と共にお祭り終了までお慎みの時を過ごされます。このような祭祀の夜は『およふかし』と御所で呼ばれておりましたが、宮様方も一定のご年令に達されてからは、それぞれにこのお時間を最後まで静かにお過ごしになるようになりました。(中略)ご生活の中に入っている、こうしたある意味特殊なお行事も、その一つ一つをお果たしになることが、ご日常の自然な秩序であり、同時に両陛下やご自身様方のお立場に伴うお務めを理解される大切な機会となっていたことを改めて思い出します」

現在、陛下のお孫様として東宮家に愛子さま、秋篠宮家に眞子さま、佳子さま、悠仁《ひさひと》さまがいらっしゃいます。皇后美智子さまは今、おばば様になりになって、お孫様方のご成長を楽しく見守っていらっしゃいます。

陛下と美智子さまはときどき、御所にお出でになる小さなお孫様方とのひとときを楽しみにしてこられました。少し大きくなったお孫様方は、稲刈りや養蚕のお仕事のお手伝いをなさるようになりました。

田植えから稲刈りまでをなさる陛下

東京都千代田区千代田一番一号。ここを、私たち国民は皇居と呼んでいます。毎年この都心の一等地で、天皇陛下がご自身で春の田植えから秋の稲刈りまでなさることを知っている人は多くはありません。

生物学研究所のお庭に、水稲のための御田のほか、五畝《いっうね》ほどの小さな畑をお持ちで、陛下は毎年、陸稲《りくとう》と粟《あわ》をおつくりになっているのです。

六月、陛下がワイシャツに長靴姿で水田にお入りになります。

ご自分の手で「うるち米」と「もち米」の二種類の稲の苗を五株ずつお植えになるのです。眞子さまは五歳、佳子さまは三歳のころから、種まきや刈入れのときには、ほぼ毎年のようにお出でになり、おじい様である陛下のお手伝いをしてきました。

「眞子も佳子も、小さい時からよく両親につれられて御所に来ており、一昨年ごろからは、両親が留守の時には、二人だけで来ることもできるようになりました」

「はさみや鎌などの道具の使い方や、使う時の力の入れ加減、抜き加減などを教えることが、私にはとても楽しいことに感じられます」

平成十四年、誕生日に際しての美智子さまのお言葉です。

昭和天皇のお仕事を引き継いだ今上陛下は、秋の収穫の時期には手づくりの稲穂を神饌《しんせん》として神々にお供えになります。田植えから稲刈りまで、五カ月をかけて農作業をなさる陛下は、収穫した稲を精米し、日常のお食事でも、美智子さまとともに新米を召し上がります。

ばあばから孫へ

皇居の中では、養蚕も毎年行われています。

眞子さまと佳子さまは、回転まぶしの枠から繭《まゆ》を外す「繭かき」の作業も、二人していつまでも飽きずになさるようで、仕事の中にも遊びの要素を見つけているのでしょうか。

皇后美智子さま七十七歳の喜寿の記念に『紅葉山《もみじやま》御養蚕所と正倉院裂《ぎれ》復元のその後』という図録もお出しになりました。その中で美智子さまは眞子さまへお手紙をつづられています。一部をご紹介しましょう。

眞子ちゃん

眞子ちゃんは、ばあばがお蚕《かいこ》さんの仕事をする時、よくいっしょに紅葉山《もみじやま》のご養蚕所《ようさんじょ》にいきましたね。今はばあばが養蚕《ようさん》のお仕事をしていますが、このお仕事は、眞子ちゃんのおじじ様のひいおばば様の昭憲皇太后《しょうけんこうたいごう》様、おばば様の貞明皇后《ていめいこうごう》様、そしてお母様でいらっしゃる香淳皇后《こうじゅんこうごう》様と、明治《めいじ》、大正《たいしょう》、昭和《しょうわ》という三つの時代をとおってばあばにつたえられたお仕事です。（以下略）

美智子さまは、お孫様方の教育や育児について、両親の意向を大切にしながら見守っていきたいとお話しになっており、おばば様の立場で何かをお教えになるというよりも、お孫様方の感性や、何かに一生懸命になられる様子を、成長の証として見つめていらっしゃるようです。

美智子さまはお孫様方とふれあう喜びについて、こう述べられています。

「祖母として幼い者と接する喜びには、親として味わったものとも違う特別のものがあること、また、これは親としても経験したことですが、今、また祖母という新しい立場から、幼い者同士が遊んだり世話しあったりする姿を見つめる喜びにも、格別なものがあるということは申せると思います」

遊びのときに常に注意していらっしゃるのは、安全を守ること。たとえば、花火をするときは必ずバケツ一杯のお水をそばに置くこと。火をつけてから、しばらくしても花火の火が出ないときは、決してご自分の顔のほうに向けないことを、美智子さまは一回ごとに必ず注意していらっしゃいました。

美智子さまは、安全に関しては、ご自分のお子様方のときと同様、厳しくくどく注意してお孫様方の成長を見守っていらっしゃいます。

18 念願かなった皇太子の結婚

皇太子妃有力候補

平成元年九月、英国オックスフォード大学にほど近いバードウェルロードの小和田雅子さんのアパート前でのことです。

バッグを持ち、足早に大学に向かう雅子さんをとらえる三台のテレビカメラ。オレンジ色の口紅が印象的な雅子さん。取材班はなおも数百メートル、雅子さんを追跡します。大学構内にある日産日本問題研究所一階の図書館に小走りに駆け込むまで、「皇太子妃有力候補」の小和田雅子さんを追ったのです。

その年、私は、皇太子殿下の論文をテーマにしたテレビ企画の取材で、英国の郡部を回っていました。十日あまりの取材を終え、ようやく日本テレビロンドン支局に戻り、明日は直行便で帰国という矢先のこと。東京から突然の取材要請の電話が入りました。

「じつは、皇太子妃有力候補の小和田雅子さんが今日大学の寮から町のアパートに引っ越すという情報がある。お疲れのところ申し訳ないが、張り込みをお願いしたい」

私と取材班は直ちにオックスフォードに飛びました。

「私はとにかくお妃問題には一切関係ございません。外務省の省員として仕事をしていくつもりです。そういうお話は一切ありませんでしたし、そういうことでご理解いただきたいと存じます」

外交官・小和田雅子さんは複数のカメラの前で、明確に意思を伝えようとしていました。親子ほどに年の違う私ですが、こびをみじんも感じさせない雅子さんの印象はとても鮮烈で、三十年間放送ジャーナリストとして仕事をしてきた私の直感は、「皇太子妃は雅子さんで決まり」でした。むしろ、そうなっていただきたい。それほど魅力的な女性でした。

東京から英国へ持ち込んだカメラで、雅子さんの映像をどこよりも早くニュースとして日本全国の視聴者に届けることができました。文字通り、一期一会。たった一度の取材のチャンスをものにすることができた私は、仕事運の強さに感謝したものでした。

仮縫いのたびに痩せてしまうほどのプレッシャー

時は流れ、皇太子ご夫妻の結婚を祝う「宮中饗宴《きょうえん》の儀」が平成五年六月十五日から三日間、昼夜六回にわたって行われました。父君・天皇陛下はこの結婚に対して「祝意を寄せられた多くの人々に深く感謝の意を表し、ここにあらためて国民の幸福を祈ります」と挨拶されました。当時の宮沢喜一首相や三権の長、閣僚、国会議員、小和田家の親族など、二千名以上が出席しました。

「宮中饗宴の儀」が開かれた「豊明殿《ほうめいでん》」は、皇居宮殿でもっとも広く格式のあるところで、天智天皇の御製をもとに描かれた中村岳陵《がくりょう》の「豊幡雲《とよはたぐも》」のタペストリーがあることで有名です。

このとき、とくに話題になったのは、雅子さまのドレスのすべてが、皇室のしきたりなどを考えられた美智子さまのご依頼によるものだったということです。

日本を代表するデザイナーが技を競った特別なドレスは、雅子さまのさまざまな魅力を引き出そうと、当時最高のテクニックが駆使されたのです。

雅子さまが仮縫いのたびにお痩せになり、スリムになってしまわれたというエピソードも披露され、その緊張と心労の大きさがあらためて国民を驚かせたりもしたものです。雅子さまはイブニングドレス、最後に和服——本振袖で六回すべてに違う衣装で臨まれました。

六月十七日、最終日の夜は「石橋の間《しゃっきょうのま》」で披露宴が行われ、ゲストはすべて日本駐在の各国大使や外交官でした。

「石橋の間」では、その名にちなんだおめでたい獅子の役者絵と紅白の牡丹花を背景に、ゲストをお迎えになった天皇家二世代が並び、うれしそうな陛下のご表情が印象に残りました。ブラックタイの陛下に寄り添う美智子さま。ようやく決まった皇太子殿下の結婚を、お二人とも素直に喜んでおられました。

美智子さまは、鶴が舞う色留袖《いろとめそで》に、帯は即位礼翌日の園遊会にお召しになった七宝繋《しっぽうつなぎ》を着用されていました。次世代の天皇皇后となるべき皇太子と雅子さまの披露宴ということで、海外のゲストを迎えるにあたり、両親の力の入れようがわかるひとときでした。

この日の雅子さまは、おめでたい熨斗《のし》の柄の本振袖に、若竹色に金の丸帯で出席されました。

日本伝統の和服で臨まれた雅子さまは、幼いときから外交官子女として海外生活が長く、本格的な和服は七五三以後まったくお召しになったことがないと言われてきました。その雅子さまが日本伝統の文化ともいえる和服姿で海外のゲストをもてなされたのです。そのご様子から、雅子さまがいよいよ日本一の旧家・天皇家の人となる覚悟が定まったのかと筆者はお見受けしました。

ちなみに、皇后美智子さまがお召しになった帯は、のちに紀宮さまが黒田慶樹夫人となられた結婚披露宴の折に、ぜひお母様の帯をと、実の母である美智子さまにお願いし、頂いたものです。

19 次の世代を心から気遣う

雅子さまへのお言葉

皇后美智子さま六十六歳の誕生日の文書回答の一部をご紹介しましょう。そこには雅子さまへの温かなご配慮が見受けられます。

「流産は、たとえ他に何人の子どもがあったとしても悲しいものであり、初めての懐妊でそれを味わった東宮妃の気持ちには、外からは測り知れぬものがあったと思います。体を大切にし、明るく日々を過ごしてほしい。東宮東宮妃は、今は東宮職という独自の組織の助けを得つつ、独立した生活を営んでいます。私がどのように役に立っていけるか、まだよく分からないのですが、必要とされる時には、話し相手になれるようでありたいと願っています。助言をするということは出来なくても、若い人の話の聞き役になることは、年輩の者のつとめでもあり、そのような形で傍にいることを心がけなくては、と思います。東宮東宮妃が三十代、四十代というかけがえのない若い日々を、さまざまな経験を積み、勇気をもって生きていくことを信じています」

美智子さまもかつて第二子を流産され、人に打ち明けられないほど、つらい経験をしているからこそ、雅子さまのお気持ちを誰よりも理解しておられるのでしょう。美智子さまが誕生日のコメントであえて流産に触れられたことに、いかに雅子さまを大切に思い、いたわりの心を持っているかがうかがえます。

ルビーの指輪に込められた思い

振り返れば、皇太子殿下と雅子さまの婚約が正式に決まり、平成五年二月に赤坂御所で天皇皇后両陛下と秋篠宮ご夫妻、紀宮さま、小和田夫妻、雅子さまの妹の礼子さん、節子さんをまじえたメンバーで夕食会が開かれて以来、美智子さまの雅子さまに対するお心遣いは、いたる所から感じることができます。

それまで、天皇ご一家と一般人が一つのテーブルを囲んで夕食会をひらくなど、前例はなかったのです。昭和天皇と香淳皇后も、美智子さまのご両親、正田夫妻やご兄弟と会食されることは、ついにありませんでした。

両陛下のおはからいで実現した夕食会は、楕《だ》円のテーブルを囲み、なごやかな雰囲気で行われました。最初に天皇陛下がお祝いの言葉を述べられ、最後に小和田家を代表して、父・恆《ひさし》さんがお祝いの言葉を述べました。

夜十時半、予定を二時間も超える天皇家との夕食会を終えた小和田家の人々は、目黒の自宅に戻りました。

このとき、雅子さんの左の薬指には美智子さまからいただいたルビーの指輪が輝いていました。ルビーは古代から魔よけや安産のお守りとして親しまれ、尊ばれてきました。このルビーは昭和三十四年の『入江相政日記』にも登場します。

> 一月十四日（水）快晴
>
> 実にいゝ天気である。御納采の今日を祝ふが如くである。（中略）十一時

に正田さんの三人。（中略）両陛下に三人が拝賀の後、皇后さまお一方の所へ美智子さん一人出て御伝来の指環をいたゞかれる。結構なことだった。（以下略）

――『入江相政日記　第三巻』（朝日新聞社、一九九〇年）

雅子さまの薬指を飾った七カラットのルビーの指輪は、歴代皇后からご伝来の、天皇陛下と美智子さま結納のお祝いというゆかりのお品だったのです。両家の夕食会の場で、美智子さまが「皇太后陛下の心のこもったお品を雅子さんにお伝えしたいので」と直接、雅子さんに手渡された指輪を、雅子さんはその場ですぐに左手の薬指につけ、帰宅されたのです。

相手を尊重する心

美智子さま七十歳、古希《こき》の誕生日の折の雅子さまへのメッセージもご紹介しましょう。

「東宮妃の長期の静養については、妃自身が一番に辛く感じていることと思い、これからも大切に見守り続けていかなければと考えています。家族の中に苦しんでいる人があることは、家族全員の悲しみであり、私だけではなく、家族の皆が、東宮妃の回復を願い、助けになりたいと望んでいます。宮内庁の人々にも心労をかけました。庁内の人々、とりわけ東宮職の人々が、これからもどうか東宮妃の回復にむけ、力となってくれることを望んでいます」

美智子さまは、雅子妃のお気持ちを誰よりもよく理解しておられるはずです。話の聞き役になるのは、年輩者の務め。決しておせっかいがましく介入したり、論評したりはしない。出しゃばらず、かといって突き放すこともなく、若い二人を遠くから温かい目で見守っている美智子さまのお姿が目に浮かびます。

次世代のことにあえて口を挟まず個人主義を尊重する、近代的な美智子さまのお考えがにじみ出ています。美智子さまの思いが通じて、一日も早く雅子さまが回復されることを祈るばかりです。

20 「祈る皇室」から「行動する皇室」へ

被災地の現場にかならず行く

平成の御代になり、皇室の姿は様変わりしました。

皇居の中で国民の平穏を願う「祈る皇室」から、直接被災地にお出かけになり、被災者をいたわり励まされる「行動する皇室」へ進化したのです。陛下と美智子さまは、いつも一緒にお出かけになってきました。

昭和時代、天皇皇后のお出ましといえば、少なくても十数人の大所帯でした。しかし、平成の被災地訪問は、最少メンバーで行われるようになったのです。ときには自衛隊機にお乗りになり、現地では県庁の車を利用されるなど、被災地に負担をかけないような配慮がなされています。

平成三年六月、長崎県島原市の雲仙《うんぜん》・普賢岳《ふげんだけ》で火砕流が発生。七月、陛下と美智子さまは現地に災害のお見舞いに向かわれました。避難所では、人々が座るゴザのうえに一緒になってお座りになり、不安な日々を過ごす地元の人々に声をかけられ、激励されたのです。お二人のやさしいお言葉に、どれだけの人が心に明るさを取り戻すことができたことでしょう。

以来、両陛下は北海道南西沖地震、阪神・淡路大震災、三宅島噴火、新潟県中越地震などの大災害が起こるたびに現地を訪問され、被災者のお見舞いを続けてこられたのです。

現地での両陛下は、帽子や上着はとり、陛下はワイシャツ、美智子さまはブラウスといった軽装で、避難所の床にピタリと座った姿勢で現地の人を慰問されます。つまり、被災者と同じ目線でお励ましになるのです。

阪神・淡路大震災

平成七年一月十七日、阪神・淡路大震災が発生しました。まだ災害の爪痕《つめあと》も生々しい一月三十一日、両陛下はそろって被災地に入られました。ヘリコプターからバスを乗り継ぎ、避難所に向かわれたのです。

天皇陛下は避難所の体育館に着くと靴を脱ぎ、靴下のまま人々に歩み寄られ、「大丈夫ですか」「大変でしたね」「おなかは壊していませんか」などといたわりの言葉をかけられました。そのかたわらで、幼い子どもや、お年寄りの肩を抱き、お話に熱心に耳を傾けられる美智子さま。畳んだ布団が積み上げられた間を縫うように一人一人に声をかけながら、広い体育館を一周なさいました。その温かな励ましに涙をぬぐう人々の姿も多く見られました。

この震災では、西宮市の福永家に嫁いだ、愛新覚羅溥傑《あいしんかくらふけつ》さんと浩《ひろ》さんの次女嫮《こ》生《せい》さんの家も被害を受けました。福永家は天皇家ともご縁が深く、嫮生さんの叔母、福永泰子女官は三十年も香淳皇后のそば近くに仕えられた方でした。福永家は老人ホームを経営しており、その施設も一時は震災の影響を受けてライフラインがストップするなど、たいへんな被害を受けていました。

突然、嫮生さんのもとに井上和子女官長から電話が入りました。嫮生さんが電話に出ると、「今皇后さまと代わります」とのこと。美智子さまは、「今日はヘリコプターとバスを乗り継ぎ避難所に向かっているので、そちらには伺えないけど被害はどうですか」とお尋ねになったそうです。わざわざ皇后さまから直接励ましのお電話をいただいたのです。

婦生さんはたいそう喜ばれて、「皇后さまのお励ましで大変元気をいただきました」と筆者への手紙に書いて送ってくれました。

被災地に心を寄せ続ける

平成十六年の新潟県中越地震の折も、震災直後に被害の様子をお聞きになり、できるだけ早く現地にお見舞いに行かれることを希望されました。

しかし同時に、両陛下は阪神・淡路大震災などのご経験から、現地の人々がただでさえ足りない人手を割いてお二人への対応にあてることで、救援活動や復旧活動にとどこおりがあってはならないとお考えになり、約二週間の時間を空けられるようになったのです。

十一月六日、自衛隊のヘリコプターで旧山古志《やまこし》村などの被害状況を視察なさったときは、お供は最少人数で、現地の移動も市役所の車で、昼食も現地で出されたカレーライスを召し上がられたのです。極力簡素に、被災者にかかる迷惑を避けて、現地の人々のことを第一にお考えになったお二人の行動に、筆者は胸を打たれました。

陛下と美智子さまは災害直後のお見舞いのあと、三年くらいの歳月をおいて、復興状況を必ずご視察に行かれています。一度きりではなく、まさに「心を寄せ続ける」活動を実践なさっているのでした。

平成十八年三月七日には、防毒マスクご持参で、三宅島噴火被災の日帰り視察をされました。これも、六年前の平成十二年九月の全島民避難命令のときから、両陛下が島民に心を寄せてきたいきさつがありました。避難後の島民の健康状態や暮らしを気にかけられ、彼らが避難生活を送る東京都北区や、伊豆の下田市を訪ね、被災者をお励ましになってこられたのです。国民の生活がいつも平穏にあるように。平成の天皇家の祈りには、必ず行動がともなっています。

天皇皇后両陛下は新しい時代の皇室像をつねに発信し続けているのです。

第三章

家族の輪

親のこと、子のこと、母として

1969年
くつろぐ皇太子ご一家。
長野県軽井沢町の
軽井沢プリンスホテルで

21 忙しさを言い訳にしない

離乳のタイムリミット

昭和三十五年二月二十三日、お世継《よつ》ぎ、浩宮徳仁親王《ひろのみやなるひと》の誕生に世の中はわきたちました。

美智子さまが浩宮さまをご出産されたこの年は、たまたま日米修好通商条約百周年を記念するセレモニーがあり、出産の七カ月後の九月には、二週間余りのアメリカへの公務の旅行が予定されていました。

母乳を冷凍させて旅に出るなど、まだ考えられない時代です。それまでに離乳を済ませておかなければならない。乳人制度を取りやめ、自ら母乳で育てる決断をした美智子さまにとっては、乗り越えなければならないハードルでした。

そこで、美智子さまは各方面とご相談の結果、七月末までに離乳を済ませるよう綿密なスケジュールを立て、実行に移されました。九月の外国ご訪問、お留守番する浩宮さまのこと、そして自分一人だけのものではないご自分の体調のこと、どれもおろそかにはできないことでした。

分秒きざみのタイムスケジュール

最初の山場は、四月二十九日の昭和天皇のお誕生日。産後二カ月のころの、皇居での宮中行事で、美智子さまは長時間赤ちゃんと離れて過ごさなくてはなりませんでした。この日のスケジュールを振り返ってみましょう。

美智子さまは、朝九時三十五分に渋谷の東宮仮御所をご出発。帰宅は夜の八時五十分です。この間、午前と午後、計七回の一般参賀に両陛下のお供で出席しなければなりません。その合間にも祝賀行事に出席され、最後には外交団のお茶会へのご出席。語学堪能《たんのう》な美智子さまの出席が必要とされました。そのあとは夜のお祝い御膳《ごぜん》を両陛下とご一緒に召し上がるため、吹上御所に移動。それに加え、剣道の試合をご覧になるため、東京都体育館に夕方一時間ほど臨席されるという公務もありました。

かりに浩宮さまを宮殿にお呼び寄せになっても、宮殿でお乳を差し上げるチャンスは昼のご祝宴後の一回限り。若き日の美智子さまはこの過密スケジュールに取り組み、このときを離乳へのスタートとして積極的に活かされたのです。

三日前の四月二十六日に初めて粉ミルクをお試しになってから、二十九日の当日を迎え、美智子さまは朝六時に一回目の授乳、ご出発直前の九時過ぎに二回目を済まされました。昼のご祝宴後、東宮仮御所から女官がお連れした浩宮さまに授乳をされました。これが三回目。目立たぬよう静かにとの美智子さまのご希望で、女官控え室の一角を屛風《びょうぶ》で囲って、そこが臨時の授乳室になったのです。

ご祝宴後の授乳は、東宮仮御所に戻られた浩宮さまに看護師が粉ミルクを差し上げたところ、三日前のテストが効果的で、問題なくミルクをお飲みになったそうです。これが四回目で、最後の授乳は、美智子さまが皇居からお帰りになってから、夜の九時ごろに行われました。

皇太子妃として母として過密スケジュールを無事にこなし、一日を終えられた二十五歳の美智子さまは、どんなにか安らかなお気持ちになったことでしょう。

受け継がれる新しい伝統

全母乳から一日一回粉ミルク。離乳への第一歩を踏み出された美智子さまは、その後も少しずつ粉ミルクの回数を増やし、スープやリンゴジュースなども加え、綱渡りのような離乳を進められたのです。

こんなエピソードがあります。筆者が担当していた日本テレビの「婦人ニュース」に、当時の佐藤久東宮担当侍医長に出演していただきました。

「浩宮さまにそろそろ離乳食をということになって、ある日、トマトをつぶしてスプーンで、試しに差し出してみたんです。そしたら、宮ちゃまはそれをペロッと召し上がってしまった。これには正直びっくりいたしましたね。そのとき私は皇室に新しい血が入ったと感じました」

それまでの宮様方はどなたも離乳が遅く、トマトを口にするなど考えられなかったとうかがいました。

若き母のひたむきな思いは、きっと浩宮さまにも伝わったのでしょう。七月末には、生後五カ月足らずで離乳が完了しました。

振り返ると、前例のないことばかり。

そのつど、夫である皇太子殿下の指示を仰ぎ、昭和天皇と香淳皇后のお許しを得たうえで、一歩一歩お進めになった利発な美智子さま。

時が流れ、美智子さまの子育てが一段落したころ、寛仁親王妃《ともひとしんのうひ》信子《のぶこ》さま、高円《たかまど》宮妃《のみやひ》久子さまが天皇家に入り、次々とお母様になられました。皇居での長時間にわたる宮中行事の日に、皇后美智子さまは宮殿のご自分のお部屋（花の間）を、若い妃殿下方の授乳のお部屋として、いつでもお使いになれるよう準備をなさったのでした。

ご自身が経験された美智子さまならではのお心遣いです。先出の佐藤先生が美智子さまのことを「お利発な妃殿下でいらっしゃる」とおっしゃったことを思い出しました。

22 母親としての頑張り

母から受け継いだ「育児日記」

　昭和三十五年三月十二日、美智子さまは浩宮さまとともに宮内庁病院を退院されました。渋谷常磐松の東宮仮御所にお帰りになって三カ月後の六月、元赤坂の東宮御所へお引っ越しされ、親子三人水入らずの新生活がスタートしました。

　子育てはほとんど美智子さまがお一人で取り組んでおられました。大切な公務がある夫の皇太子殿下（今上陛下）にご負担をかけたくない、というお気持ちがおありだったのでしょう。ナルちゃんが夜泣きをすれば、美智子さまが起きてあやす。かといって翌日、寝不足でつらい様子は絶対にお見せになりません。浜尾侍従によれば、若き日の美智子さまの母としての頑張りには頭が下がったそうです。

頼りになるのは自分の母親です。美智子さまも実家の母・富美子さんを頼りにし、しばしば電話でアドバイスを受けられていました。

美智子さまはまた、お母様から受け継いだ「育児日記」を参考にされたそうです。かつて正田夫妻が暮らしていたドイツで学んだ新しい育児法を、大胆に取り入れたものでした。そこにはこんなことが書かれていました。

一、授乳時間厳守
二、離乳は生後三カ月から
三、食事は主治医と相談して
四、あやすための抱っこはしない
五、毎日散歩をして外気にあてる

富美子夫人から届けられた赤い表紙の「育児日記」には、「初めて歯が生えたとき」「初めて笑ったとき」などの見出しがつけられ、美智子さまの誕生から幼稚園入園前までの成長記録が克明《こくめい》に記されていました。それを参考に、美智子さまは自分なりにもうひと工夫されて、「できる限り自分で」との方針を貫かれたのです。

たとえば、ナルちゃんの裸体操。美智子さまはお風呂に入れる前、ナルちゃんの手足をもって曲げたり伸ばしたりの運動をなさいました。

生後二カ月を過ぎると、お母様伝来の育児法にならって離乳を始められ、その五カ月後の九月に初の海外公務があるので、それに間に合わせるために、前に述べた綿密な離乳計画を立て、実行に移されたのです。

「二人の男性に励まされて生活できるのは本当にしあわせ」

昭和三十五年八月、生後六カ月になったナルちゃんは、皇太子殿下と美智子さまと初めての夏を軽井沢で過ごされました。

浩宮さまは愛らしく、その姿をやさしく見つめる美智子さまは、若さと母親としての力強さにあふれていらっしゃいました。

九月、アメリカ出発前の記者会見で、言葉の端々からお立場への責任感が感じられました。記者団の「妃殿下にご結婚一年余の感想を」という質問に、美智子さまは次のようにお答えになりました。

「やはり、むずかしいと思うこと、つらいと思うこともいろいろありました。いつになったら慣れたといえるか見当もつきません。（中略）八方ふさがりと思うこともありますが、方々にぶつかっているうちに妥協ではなくて、新しい道が開けます。皇太子妃として一年余を過ごして、いく分の落ちつきを得ましたが、安定させ充実させるのはまだまだ先だと思います。両陛下もやさしい心づかいをくださり大勢の人に励まされ、家庭でも二人の男性（皇太子とナルちゃん）に励まされて生活できるのは本当にしあわせです」

会見をこうまとめられたときの美智子さまは明るく、おやつれの影など微塵《みじん》もなく、「母は強し」を強く印象づけたのです。

23 美智子さま流子育て――長男・浩宮さまの場合

テープに吹き込んだ子守歌を残して

昭和三十五年二月二十三日、美智子さまは浩宮《ひろのみや》さまをご出産後、慌ただしい離乳を済ませて、七カ月後には初の国際親善のためアメリカに出発されました。七カ月といえば、日ごとに可愛さが増してくる時期です。美智子さまは「でんでん太鼓に笙《しょう》の笛などの子守歌をテープにハミングで吹き込んでおきました。私の留守中、時々聞かせてやってください」と心やさしい配慮をされて旅立たれたのです。

九月二十九日の夕方、ワシントンのブレアハウスでは、特別に女性記者との会見の場も設けられました。流暢《りゅうちょう》な英語で会見をされる美智子さま。そこではお留守番のテープに吹き込んだ子守歌についての質問も飛び出しました。

「子守歌を録音したのは、私の考えです。それは、浩宮に寂しい思いをさせたくないという思いだけではなく、私自身を慰めるため残してきたのです。今頃、私の歌を聴いているだろうと思うと、私自身気が休まるのです」

若き日の美智子さまが初めて国際舞台に立たれたときのご様子は、半世紀余りたった今も、私の記憶に鮮やかに残っています。美智子さまの子を思う母親の気持ちと折り紙つきの語学力でアメリカの女性記者たちに深い感銘を与え、親善ムードを盛り上げました。その甲斐《かい》もあって、皇太子殿下（今上陛下）と美智子さまの米国訪問は圧倒的な成功を収めたのです。

育児方針を記録に残す

美智子さまは公務でお出かけの前には必ず、浜尾侍従をお呼びになり、育児の要件をお伝えになりました。初めは、メモでやり取りされていた要件はやがて、ルーズリーフノートに記されるようになり、浩宮さまとの過ごし方や、気を付けてほしいポイントが日課表にまとめられ、浜尾侍従に手渡されるようになったのです。

美智子さまが一番気にされていたのが、母であるご自分と、留守中に育児を担当する浜尾侍従や看護師などとの間で、考え方や方法に食い違いがあってはならないという点でした。こまごましたことも文字として残せば、必要なときに必要とした人が確実に目にすることができるし、育児方針に混乱も起こらない。

「記録を残す」というアイデアには、美智子さまがお母様から受け継がれた近代的なドイツの育児法と、母としての愛情があふれていたのです。

当時の私のメモからいくつかご紹介しましょう。

「お昼寝のときは、ブラウスの一番上のボタンをはずしてください。よほど暑いときは首元にパウダーをつけてあげてください」

「自分が投げたものは自分で取りに行かせるように。軽く背中を押して『とってきて頂戴』と言ってください」

「小石を時々口に入れるのでよく注意してください。もし、口に小さなものを入れたら、急にアッと言って近づくと、かえって驚いて飲み込んでしまうといけませんから、決して驚かさないように。手を入れて出したあとで『いけません』と言ってください」

「〝ながら病〟はできるだけ避けるように。例えば、靴を履くときなど、『靴を履いたらおんもね』と言って靴を履くことに集中させてください」

「お食事は山盛りよりも軽くよそっていただくように。『ナーイ』になったらたくさんほめてあげてください」

「夜はしばらくベッドの脇についてあげてください。時々手を伸ばしてあげるとそれをいじりながら必ず眠ると思います。シーツを手繰《たぐ》りだしたら手はもういらないはずです」

書き残されたルーズリーフノートのページはやがて厚くなり、「ナルちゃん憲法」と呼ばれるようになりました。このかわいいネーミングは、私の記憶によれば、佐藤久東宮侍医長による、番町書房の『浩宮さま　美智子妃殿下の育児』に初登場したのです。

幼いときこそ厳しくしつける

皇太子殿下と美智子さま、浜尾侍従の間で了解されていた子育ての基本は、浩宮さまを人間として恥ずかしくないように育てること。どんな境遇でも現実に耐《た》え、立派な姿勢を貫《つらぬ》ける強さを育むことでした。両殿下は小さいときのしつけを重視されていたのです。

・自分のことは、なるべく自分でできるようになること。
・ご挨拶など、日常での礼儀を守ること。
・公私の別をわきまえること。
・一度約束したことは、絶対に守ること。
・一度始めたことは、最後までやり遂げること。

小さいときに厳しく、成長とともに徐々に緩めるという方針でした。

そのころ、美智子さまはお天気のいい日には、浩宮さまとともに御所の庭を三十分ほど散歩されることを日課にしておられましたが、歩き疲れた浩宮さまが「抱っこ」をおねだりしても、抱っこされることはめったになかったのです。

24 美智子さま流子育て——次男・礼宮さまの場合

分娩は見世物ではない

昭和四十年七月、美智子さまに三度目のご懐妊の発表がありました。二年前に流産され、その後のご体調が気遣われていただけに国民にとって喜びもひとしおでした。皇太子殿下（今上陛下）と美智子さまからは、佐藤久東宮侍医長に宛てて特別な申し入れが寄せられました。

「分娩《ぶんべん》は見世物《みせもの》ではないから、できるだけ人を入室させたくない。この前は多すぎた。御料病院であるが、病院のものは御料の者でないから遠慮していただいて少人数にしたい」

佐藤侍医長は「ご出産は宮内庁病院で」と申し出、皇太子ご夫妻がそれを了承する代わりに、分娩室に入るスタッフを少人数に制限していただきたいと東大側に希望を述べられました。

浩宮さまご出産のときは皇室初の病院出産だったこともあり、皇室や東大病院から総勢五十名以上が美智子さまの分娩に立ち会っていました。海外の王室でもマリー・アントワネットの出産など、お産をする立場の女性からは信じられないような人数が立ち会った記録が残っています。「分娩は見世物ではない」というのが皇太子殿下のお考えでした。

第二子出産の折の立ち合い医師は、前回の半分程度にという話にまとまりましたが、それでも二十人余りの多さでした。しかも、その決定までにたいへんな長い時間を必要としたのです。

初の麻酔による無痛分娩

昭和四十年十一月三十日、礼宮《あやのみや》文仁親王ご誕生の際には、天皇家初の麻酔による無痛分娩が行われました。

お産の前、分娩室に入った美智子さまに、東大病院産婦人科の若手の麻酔担当の山村秀夫医師が、「ガスを吸入していただきますが、いいですか」と尋ねると、美智子さまはうなずきます。麻酔が効いている間、美智子さまは白い蝶《ちょう》が飛んでいる夢を見たそうです。二時間半後、第二子ご出産。体重三〇〇〇グラム。身長五十一センチ。兄・浩宮さまと五歳九カ月離れた次男坊殿下、礼宮文仁親王の誕生です。

流産を克服してのご出産であっただけに、立会人を務めた佐藤侍医長は、喜びで体が震えたとおっしゃいました。

産後、あいさつに訪れた山村医師に、美智子さまが「浩宮のときは苦しかったけれど、今回はまったく苦しくなかったのはなぜでしょう」とお聞きになると、山村医師は「麻酔をしたからですよ」と答えました。山村医師が「産声だけはお聞かせしたいと思いましたので、痛みはとるけれど意識はあるように麻酔しました」と言うと、美智子さまはニッコリとお笑いになりました。米国留学で麻酔学を学んだ山村医師は、初代東大医学部麻酔科の教授に就任しています。

生まれたばかりの礼宮さまは、静養室の美智子さまのかたわらで眠っていました。細菌感染を防ぐため、お乳をあげるとき以外は新生児室で親子別室だった浩宮さまの時代を考えると、画期的な進歩です。赤ちゃんの純白の産着《うぶぎ》は、美智子さまがご自身の手で縫い上げられたものでした。隣で眠る礼宮さまは、泣き声もむずかりようも男の子らしく活発で、美智子さまは「東宮のスサノオ」と言ってお笑いになりました。

成長するにつれて、ちっともじっとしていないわんぱく坊主に育った礼宮さまは、学習院幼稚園では、当時テレビで流行ったタイガーマスクごっこをしては、お友達を泣かせたというエピソードが残っています。そのたびに、美智子さまは〝ママ友〟に電話を入れて、「ごめんあそばせ」とわが子のためにおわびの電話をかけたといいます。子ども同士のことですから、美智子さまからおわびの電話をいただいたママ友の皆さんも、さぞかし恐縮したことでしょう。

殿下自ら和船をこいで泳ぎを教える

昭和四十年代、皇太子ご一家の夏休みの静養先は、静岡県浜名湖《はまなこ》の北岸にある細江町（現浜松市）の西気賀《にしけが》でした。ご静養の目的は、小さい宮様方に皇太子殿下が泳ぎをお教えになることでした。

湖畔は人が多かったため、殿下がご自分で和船を出して沖に出て、お子様方に泳ぎを教えられたのです。昼間は水泳やうなぎの養殖場の見学、夜は花火や蛍狩りなど盛りだくさん。皇太子殿下は父親として朝から晩まで時間をフルに使い、普段忙しくてできないことをお子様方に教え込もうとされました。ご家族一緒にお過ごしになるのをことのほか楽しまれていたのです。ときには殿下の姉上・鷹《たか》司和子《つかさかずこ》さんをお乗せして、ご自身で和船をこいで楽しげにご一緒されていたこともありました。

浩宮さまは小学生、礼宮さまは幼稚園児、小さかった紀宮さま。このとき滞在されたのは電鉄会社の寮だったと記憶しています。日本風の二階建ての建物で、美智子さまは近代的なホテルより、二寝室くらいのこぢんまりとした宿を好まれたようです。それは、美智子さまご自身の好みというより、孤独な少年時代を過ごし、「家庭の味」をご存じなかった殿下のためだったのかもしれません。

家族全員でお食事をとり、夜はお布団を並べてお休みになる夏休みのひととき。一般の家庭では当たり前のことも、殿下にとっては、心温まる夏のひとときだったに違いありません。

母としての子育て、公務の過密スケジュールの中でのご家族での静養は、美智子さまにとっても殿下にとってもよい思い出となったことでしょう。

慎重な兄と大胆な弟

礼宮さまは動物が好きで、亀やニワトリを飼ってエサをやるなど、まめに面倒を見る少年に成長し、のちに動物学を研究され、学位をお取りになりました。

こんなことがありました。浜名湖の弁天島にある養鰻場を見学されたとき、慎重な浩宮さまは、オケの中で動く鰻《うなぎ》を見て、浜尾侍従に「浜尾さん触ってみたら」と言い、オケをのぞくだけ。ご自分では触らない。弟の礼宮さまは違いました。いきなりオケに手を突っ込んで、素手で鰻をつかみ、ぶんぶん振りまわして「きゃっきゃっ」と笑っていました。慎重な兄と大胆な弟。兄弟でありながら、小さいときからこの性格の違いを目の当たりにして驚いたのを私は覚えています。

日ごとに成長する息子たちを見守りながら、皇太子殿下は美智子さまとともに多忙な子育て時代を楽しく過ごされたのです。

25 美智子さま流子育て——一人娘・紀宮さまの場合

妻の出産入院に付き添う殿下

昭和四十四年四月十八日、予定日よりもかなり早く、美智子さまは陣痛を訴えられました。午前六時四十五分。黒塗りのハイヤーが元赤坂の東宮御所から宮内庁病院に向けて出発します。

後部座席で美智子さまを支えているのは、皇太子殿下（今上陛下）でした。一般家庭の夫がするように、毛布をまかれた美智子さまを宮内庁病院まで送り届けられたのです。妻の出産入院に、夫自らが付き添ったのは天皇家においては初めてのことでした。

約二時間後の八時三十六分、美智子さまは第三子の紀宮清子《のりのみやさやこ》内親王をご出産。体重二二五〇グラム、身長四十五センチ。数字でいえば未熟児でしたが、保育器の外に響くようなお声で泣かれるし、哺乳力も普通の赤ちゃんと変わらない、元気な女の子でした。

紀宮さまご出産に際しては、担当医の小林隆東大教授が「出産予定日を間違える」というハプニングがありました。美智子さまが入院された当日の四月十八日、担当の小林教授と医局員は石川県の和倉温泉に懇親旅行中で全員不在。

幸いにも、礼宮さま出産の折に麻酔を担当した山村医師らが内親王を取り上げました。美智子さまご出産の連絡が入り、慌てて飛行機で帰京するも時すでに遅く、ご出産は無事に終わっていました。

担当教授の面目は丸つぶれ。平身低頭してわびる小林教授と医局員に、美智子さまは「お気になさらないで」とにこやかにほほ笑まれ、教授が予定日を間違えたことは一言もおっしゃいません。時に美智子さま三十四歳。二男一女の母となった美智子さまの退院の折には、当然のように殿下が付き添われていました。

紀宮さまのお印《しるし》はスイレン科の未草《ひつじぐさ》でした。昭和三十八年、那須御用邸のお庭で美智子さまが昭和天皇とご散策の折、高原の水面に咲く草花の中に可憐な花を発見されました。植物学者でもあった昭和天皇は、美智子さまに「これは未草という名前だよ。未《ひつじ》の刻《こく》に咲くのだよ」と解説されました。美智子さまは未草の愛らしさと昭和天皇のやさしさを記憶に刻み、内親王ご誕生の折に未草をお印にお決めになったのです。

子どもは思い通りにはいかないもの

二人のお兄様と異なり、女のお子様のため、将来、結婚すれば皇族を離れる内親王。皇室典範第二章十二条で、「皇族女子は、天皇及び皇族以外の者と婚姻したときは、皇族の身分を離れる」との規定があり、紀宮さまは民間人と結婚すれば皇族の身分を離れることになります。そこで、皇太子殿下と美智子さまは、小さいころから将来のことを念頭に置いて育ててこられたのです。

紀宮さまは昭和四十八年四月、東京・目黒にある私立柿ノ木坂幼稚園にお入りになりました。二年保育の学習院幼稚園に先駆けて、三年保育の柿ノ木坂幼稚園に通わせたのは戦前はもちろん、二人のお兄様のときにもなかった異例の選択でした。

御所の中にはお友達もいない、幼い紀宮さまは「幼稚園に行けばお友達ができるわ」と前の年から楽しみにしていました。二人のお兄様をもつだけに活発だった内親王ですが、幼稚園入園のころには寝る前に脱いだものをきちんとたたんでおくこと、お召し替えも一人でできるよう、美智子さまにしつけられたのです。

当時、美智子さまは娘のことを次のように話されていました。母としてのこまやかな心遣いが感じられるお言葉です。

「母親としては女性らしく素直でやさしく育ってほしいと思います。将来結婚してもそれにこたえられるようになってほしいですが、親から見ると子どもは弦《つる》を放《はな》れた矢のようで、個人の人格を認めてあげたいので、今から具体的に将来はこうあってほしいとは申し上げられません」

家事も公務もできる自立した女性に育てる

数え年五歳で「着袴《ちゃっこ》の儀」をお済ませになった紀宮さまは、昭和五十一年学習院幼稚園を卒業され、学習院初等科に入学しました。愛称は両親からは「サーヤ」、二人の兄からは「さやこ」「さや子ちゃん」「サーヤ」と呼ばれ、一家団欒《だんらん》の中で成長されました。

お子様一人ひとりに、仕事の役目をおつくりになるのが皇太子殿下と美智子さまのしつけです。サーヤのお仕事は毎朝、東宮御所のご門に牛乳と新聞を取りに行き、新聞をお父さまのところに届けること。九歳のときには、毎週日曜日に食事の準備と後片付けもお手伝いするようになっていました。

美智子さまは紀宮さまが十一歳のときにこう述べられています。

「とても明るくて、なんでも一生懸命します。また、自然が大好きで木とか花とか鳥といつもあそんでいる、そうした今の心というか、持っている心を大切に育ててほしいと思っています」

美智子さまは、いずれ降嫁《こうか》されるであろう紀宮さまには実践的なしつけをされました。ハウスキーピングのできる自立した女性に育ってほしいという美智子さまの子育ての基本方針は、自身の母・正田富美子さんご伝来です。

かつて、東宮御所には紀宮さまを含めて天皇ご一家が三十年余り住まわれていました。

南向きの八畳ほどの洋室は紀宮さまのお部屋で、ベランダには洗濯機まで置いてありました。美智子さまはお米のとぎ方、炊飯器の使い方、さつま汁やフルーツポンチのつくり方までお教えになったといいます。

紀宮さまのお得意はクッキーを焼くこと。昭和天皇が紀宮さま手づくりのクッキーを召し上がり、喜ばれたというエピソードもあります。やがてご自分でお弁当をつくることも覚えられ、お好きなおかずは、たらこでした。

学習院初等科の西村知《さとる》先生は「リンゴの皮むきができたのはクラスで三人だけ。そのうちの一人が紀宮さまでした。『どなたに教わったの』と伺ったところ、お母様に教えていただいたと言われたのには驚きました」と語っています。

美智子さまはお料理のほかにも、洋服のボタン付けや繕《つくろ》いものといった簡単なお裁縫、ミシン掛け、初歩のフランス刺繡《ししゅう》なども教えられました。

日舞は花柳流

紀宮さまが日本舞踊を始めたのは学習院女子中等科一年の夏。クラブ活動で日《に》舞《ぶ》部に所属され、花柳錦勇《はなやぎきんゆう》師に師事、若樹会に入られました。ご自分から日舞部の門をたたかれたといいます。美智子さまは学校を通じて「ほかのお弟子さんと同じように扱ってください」とお伝えになったそうです。

お稽古は高校、大学を通じて続け、大学卒業後も錦勇師のもとに通われました。花柳流の踊り手として、国立劇場にもたびたび出演されました。

昭和六十一年には、国立劇場で「鶯宿梅《おうしゆくばい》」を発表。学習院文化祭の初舞台では、「汐汲《しお》み」を披露。国立劇場ではこれまで七回発表会に出演されました。

紀宮さまはこれまでの内親王と異なり、初の大学卒、就職、公務に携わった内親王でした。山階《やましな》鳥類研究所に非常勤副手として週二回働かれました。野鳥捕獲調査の資格「バード・バンダー」をお持ちで、専門分野「カワセミ」では百科事典の執筆メンバー。研究のかたわら、成年以降の十五年間に、七百回をこえる公務をこなされたのです。

26 母から娘への愛情のかけ方

尊敬する人は母

紀宮さまは大学卒業の折、理想の女性像について、次のように話されました。

「やはり私の場合はたくさんの公務をお果たしになりながら、いつも明るく見守ってくださいました皇后さまが理想の、理想のというのは少しきついかもしれませんけれども、やはりそのような女性になれたらと思います。娘の目から見ると、決して器用ではいらっしゃらない皇后さまが、困難なことに当たられるたびに、戸惑いなさりながら、投げ出すことなく、最後まで考え続けて答えを出されるお姿は、私に複雑さに耐えることと、自分で考え続けることの意義を教えてくださいました。一方で、皇后さまがいつも心に抱いてらっしゃる喜びと少年のような明るさは、私たち子供をのびのびと育て、家庭には楽しい笑いを提供してくださいました。これまでの長いお歩みの中で、どんなこともすべて静かに受け入れてこられた皇后さまの、深い沈黙の部分は娘にも推し量ることはできないものです」

尊敬する人は母という紀宮さまは、書くことや言葉に対する感受性もお母様譲りとお見受けします。

娘との二人旅

娘に対する母親の感情は、やはり男のお子様に対するものとは違ったものがありました。

美智子さまと紀宮さまのお二人の旅行は、紀宮さまが学習院初等科二年の秋に始まり、大学入学直後まで、美智子さまの公務と紀宮さまの学業の合間を縫って六回にわたって行われています。

明治以後の天皇家で皇太子妃が、わが子と私的（非公式）なご旅行をされることは一度もありませんでした。御所での生活があまりにも普通の生活とかけ離れていることを、民間から皇室に入られた美智子さまが一番よく理解されています。将来降嫁されて、嫁ぎ先で戸惑わないように、幸せに暮らしていけるようにという母親の愛情にあふれたご旅行でした。

第一回は昭和五十二年の箱根への旅でした。そして、愛知、和歌山、京都、奈良と続き、最後は平成元年に岐阜へおいでになりました。

第一回の箱根一泊旅行のとき、随行したのは侍従二名と皇宮警察官二名だけ。コースは小田原の近くの畑宿《はたじゆく》での寄木細工《よせぎざいく》見学から始まり、箱根樹木園、湿生花園《しっせいかえん》、箱根神社、彫刻の森を回られました。楽しい思い出づくりを意図され、ファッションも美智子さまは白のマントにブルーグレーのお帽子、紀宮さまもグレーのワンピースにブルーのスカーフを結び、お母様とのコーディネートが印象的でした。

今に残る映像を見ると、小学生時代の紀宮さまの表情は硬く、不特定多数の人前での行動は大変な負担であったに違いないと察せられます。

二回目の愛知へのご旅行では、熱田《あつた》神宮ご参拝の折に、美智子さまは参拝服、紀宮さまは学習院の制服に、初等科の赤いリボンが愛らしいものでした。愛知こどもの国を訪問されたときは、紀宮さまはお母様手編みのピンクのセーターにチェックのスカート、美智子さまも紀宮さまに合わせたサーモンピンクのワンピースにお帽子でした。

このころには紀宮さまも旅行に慣れ、お出迎えの人々に自然に手を振られるようになりました。犬山のモンキーセンターでは、紀宮さまが、生まれたばかりのサルの赤ちゃんをだっこし、ミルクをあげるなど、親子でエンジョイされる映像が残っています。

将来、娘が困らないように

公務の折の人々への接し方や、衆人環視の中での自然な立ち居振る舞いは、なかなか身につくものではありません。美智子さまは「習うより慣れろ」で、人々への接し方のコツなどを自然のうちにお教えになりました。民間から皇室に嫁がれて、大変な格差に驚かれた経験をもつ美智子さまは、将来、紀宮さまが降嫁しても馴染めるよう、手順を踏んでこられたのです。

その中でも、一番効果的だったのは、この二人旅だったのではないでしょうか。

たとえば、お泊まりになった旅館の部屋は二間続きの日本間で、広いほうの部屋に布団を並べてお二人でお休みになる。東宮御所には和室がないので、紀宮さまには珍しかったらしく、美智子さまにいろいろと質問されていたとうかがいました。

御所では子どもたちが一緒に寝たいと、いくら言っても美智子さまは応じられませんでした。しかし、この二人旅では母と娘が布団を並べられ、食事も親子水いらず。紀宮さまは思いっきり母である美智子さまに甘えられたと思います。

この社会見学は学習効果があるだけでなく、ファッションのＴＰＯを実地に学ばれる機会でもありました。たとえば、神社では母は参拝服、娘は制服。モンキーセンターやこどもの国ではスポーティなコーディネート。国際ベストドレッサー賞を三度も受賞された美智子さまの類い稀なるセンスを、紀宮さまは幼いころから体験されてきたのです。

二人旅はやがて、嫁ぐ娘との思い出づくりの旅にもなりました。

27 声を失った母を支えた娘の愛

失声症

平成五年十月二十日、五十九歳のお誕生日のまさにその日に、美智子さまは皇居で急にお倒れになり、お声を発することができない状態になりました。

この年は、美智子さまにとってたいへんな激務の年でした。

四月には、歴代の天皇皇后として初めて沖縄を訪問されました。先の大戦の犠牲者の慰霊《いれい》と、鎮魂《ちんこん》の旅を果たされたのです。先帝の昭和天皇は、日本全国の都道府県を回られましたが、沖縄県だけは未訪問の地として残されていました。

六月には、皇太子殿下と雅子さまのご成婚がありました。その直後、北海道南西沖地震が起こり、天皇皇后両陛下は奥尻島《おくしりとう》などへお見舞いに向かわれたのです。七月は、東京サミットで各国首脳を迎えて宮中晩餐会《ばんさんかい》が行われました。八月は、終戦記念日の行事に加え、ベルギー国王の葬儀におそろいで参列されました。九月には、ヨーロッパ四カ国を十七日間にわたって訪問されました……。

あまり知られていませんが、天皇皇后両陛下の国際親善はたいへんな過密スケジュールで行われます。皇后美智子さまが、この半年間に黙々とこなされた激務を考えると、その疲労と緊張とストレスは筆舌につくしがたいものがありました。

度を越した皇后バッシング

しかもそのころ、一部週刊誌による皇后バッシング報道が激しさを増していました。当時の雑誌に掲載された皇后批判のおもな記事です。

・週刊文春四月十五日号「皇太子御成婚を前に新御所建設ではらした美智子皇后『積年の思い』」

・週刊文春六月十七日号「宮内庁記者が絶対書かない平成皇室『女の闘い』」

・サンデー毎日六月二十七日号「美智子さまにみるロイヤル・パワーの〝威力〟」
・宝島30八月号「皇室の危機『菊のカーテン』の内側からの証言」
・週刊新潮七月二十二日号「美智子皇后を『女帝』と告発した宮内庁職員」
・週刊新潮九月九日号「天皇訪欧費用『2億円』の中身」
・週刊文春九月二十三日号「美智子皇后のご希望で昭和天皇が愛した皇居自然林が丸坊主」

そんな中、美智子さまは宮内記者会を通して、文書でこう述べられました。

「どのような批判も、自分を省みるよすがとして耳を傾けねばと思います。今までに私の配慮が充分でなかったり、どのようなことでも、私の言葉が人を傷つけておりましたら、許して頂きたいと思います。

しかし事実でない報道には、大きな悲しみと戸惑いを覚えます。批判の許されない社会であってはなりませんが、事実に基づかない批判が、繰り返し許される社会であって欲しくはありません」

皇族は公の場で、ことの善し悪しを言わないのが基本です。それを十分に踏まえられた美智子さまが、あえて見解を出された前向きな姿勢に、私は感動しました。身を挺《てい》して踏み込んだ発言をされたのは、よくよくのことであったに違いありません。

美智子さまがお倒れになって三十時間以上過ぎて、ようやく宮内庁病院の医師団から発表がありました。「頭部に器質《きしつ》的な異常は認められない。何かの強い悲しみを受けた時に一時的に言葉が発せられない症状が出ることはあり得ることであり、この場合一定の期間を経過して、緩やかに完治する」との説明でした。

ところが、驚いたことに、声を失われた美智子さまは早くも一週間で公務に復帰され、以前とほとんど変わらないスケジュールをこなされました。

「全国豊かな海づくり大会」では、お言葉を発することができないまま、陛下とともに愛媛、高知をご訪問。松山では、皇太子妃時代に学ばれた「手話」で聴覚障害者協会の会長に語りかけたのです。「お会いできてうれしく思います」と。

音楽で通じ合う心

この時期、美智子さまの大きな支えとなったのは、一人娘・紀宮清子内親王の手厚い看護でした。

紀宮さまは、御所では、ほとんどお母様につききりで看護されました。美智子さまのお好きな音楽で心の癒やしを、とお考えになった紀宮さまは、日ごろ親しい弦楽四重奏のメンバーに声を掛けて、美智子さまに演奏をプレゼントすることになりました。「曲目は何に?」という話題になったとき、お声の出ない美智子さまは、ピアノでシベリウスの「もみの木」のメロディを弾いてリクエストされたのです。

音楽

失はれし音ゆびさきより生《あ》れて鳴るかの日「もみの木」を弾きたまひし君

皇后様、お言葉を失われし日々に

のちに詠まれた紀宮さまの御歌から、このときの状況が浮かび上がってきます。

そんな美智子さまのもとに、全国の人々からおびただしい激励のお手紙や千羽鶴が送られてきました。「皇后が倒れ、言葉を失われた」という知らせに、海外の王室や要人からもお見舞いの電報や手紙が多く届きました。誰もが美智子さまの容態を案じていたのです。

「皆さんお元気でいらっしゃいますか」

美智子さまのお言葉が戻ったのは、十二月以降のことでした。最初は小さなささやき声で「陛下」「サーヤ」のお言葉が出たのです。

公務でお声が聞かれたのは、年が明けた平成六年二月のことでした。陛下とともに小笠原諸島にお出かけになった美智子さまは、硫黄島玉砕の関係者にお会いになりました。戦争の犠牲者と向き合うことで、こみあげてくる深い思いが声を発する気力となったのです。

「遺族の方々は、皆さんお元気でいらっしゃいますか」

これがご公務の第一声でした。お倒れになってから、じつに約四カ月ぶりのことでした。遺族代表によれば、「きれいなよく通るお声でした。すっかり元に戻られたご様子」だったそうです。

続いて父島を訪問した際、海岸で地元の子どもたちが放流したアオウミガメのこどもを見て、「次の波が来るとカメは海に帰るのね」と、子どもたちに元気なお声を掛けるところまで回復されたのです。

受け継がれる「献身」

振り返ってみると、昭和六十一年に美智子さまが子宮筋腫《しきゆうきんしゆ》の手術を受けたときも、紀宮さまは献身的な看護をなさっていました。当時、高校生の紀宮さまは、お母様の病室の照明を工夫されたり、また入院中退屈されないよう本を朗読してテープに吹き込まれるなど、かいがいしくお母様のために働かれたのです。

もう一つ、平成十七年十月二十日、美智子さま七十一歳のお誕生日のときのコメントをご紹介しましょう。

「内親王としての生活には、多くの恩恵と共に、相応の困難もあり、清子はその一つ一つに、いつも真面目に対応しておりました。制約をまぬがれぬ生活ではありましたが、自分でこれは可能かもしれないと判断した事には、慎重に、しかしかなり果敢に挑戦し、控え目ながら、闊達に自分独自の生き方を築いてきたように思います。穏やかで、辛抱強く、何事も自分の責任において行い、人をそしることの少ない性格でした」

「そして清子は、私が何か失敗したり、思いがけないことが起こってがっかりしている時に、まずそばに来て『ドンマーイン』とのどかに言ってくれる子どもでした。これは現在も変わらず、陛下は清子のことをお話になる時、『うちのドンマインさんは……』などとおっしゃることもあります。あののどかな『ドンマーイン』を、これからどれ程懐かしく思うことでしょう」

28 娘を嫁がせる、そのとき

紀宮さまの「大人婚」

「清子は本当に何も言わない人。こちらから聞いても言わないのですから」と美智子さまは気をもんでおられました。

一人娘紀宮さまのご婚約が正式に発表されたのは、暮《く》れも押し迫った平成十六年十二月三十日。お相手は東京都職員の黒田慶樹さん。兄の秋篠宮殿下とは、学習院初等科から大学まで学生生活をともにした親友であり、黒田さんは三十九歳。紀宮さまは三十五歳。二人の生い立ちや年齢からしても「大人婚」といえるでしょう。

紀宮さまの結婚のお相手がメディアで取り上げられたのは、二度や三度ではありません。これまでの内親王は、たいてい二十代前半にご結婚なさいました。紀宮さまはまず、自分のキャリアを結実されることを優先されたのです。

婚約会見では、次のように語られました。

「ご自分の考えをしっかりとお持ちになりながら、ゆったりと他人を許容することのできる広さを持っておられるところや、物事に誠実でいらっしゃるところでしょうか。趣味ですとか、興味を持つ事柄についてもお互いに異なっていて、あまり共通点というのはないのですけれど、何を大事に思うかということについて共感することが多くあるということも、ご一緒にいて安心できると思うことの一つかもしれません」

シンプルで心温まる披露宴

平成十七年十一月十五日の結婚式の朝、美智子さまは紀宮さまを胸元に抱き寄せて、「大丈夫よ」と繰り返し語りかけられました。父である陛下も「家族の絆は変わらないので折々にいらっしゃい」と優しく声をかけられたのです。

午前十一時過ぎ、帝国ホテル「蘭《らん》の間」で、伊勢神宮の北白川道久《きたしらかわみちひさ》大宮司《ぐうじ》が斎主となり、おごそかに結婚式が執り行われました。新郎の黒田慶樹さんはモーニングの礼装。新婦の清子さんは植田いつ子さんのデザインで、肩のカットが美しいヘビーシルクの純白のドレスと阿古屋《あこや》真珠《しんじゅ》のチョーカーをつけておられました。

披露宴は、午後四時から「孔雀《くじゃく》の間」で行われました。学友の弦楽四重奏団が奏でる「パッヘルベルのカノン」の調べに合わせてお二人が入場。新郎新婦の希望で媒酌人《ばいしゃくにん》は立てず、指輪の交換やウェディングケーキ入刀も省略したのです。

シンプルながら、心温まる雰囲気の披露宴が幕を開けます。

宴席には、十五の丸テーブルが用意され、右側の長方形のメインテーブルには天皇皇后両陛下、皇太子ご夫妻、秋篠宮ご夫妻のお姿がありました。両陛下が内親王の結婚披露宴に出席されるのは初めてのことです。左側には賓客、石原慎太郎東京都知事や黒田家の親族。清子さんは学習院のご学友や勤務先である山階鳥類研究所の関係者、宮内庁の女性職員や皇宮警護官なども招かれ、これまでの感謝の気持ちを表されました。

明治時代に諸外国との国際交流が始まって以来、宮中の晩餐会はフランス料理と決まっていましたが、正式なディナーは日本人には量が多すぎるため、メニューは臨機応変にアレンジされてきました。黒田ご夫妻の披露宴のコース料理はフルコースをかなり簡素化したメニューでした。

お色直しは母譲りのお着物と帯で

食事の途中、楽曲の雰囲気が変わり、清子さんのお色直しの時間となりました。清子さんは、一人娘を送りだす母の気持ちを慰めるように、美智子さまの和服を仕立て直してご用意されました。皇后さまのおさがりを、という清子さんたってのご希望でした。和服の柄《がら》は「御所解貝桶紋様《ごしょどきかいおけ》」。平成三年、美智子さまが今上陛下の即位後初の外国訪問となったマレーシアでのご公務で、国王から叙勲《じょくん》される折にお召しになった和服でした。

帯は平成二年秋、即位の礼の翌日の園遊会で、母である美智子さまが着用された白地に金の「七宝繋《しっぽうつなぎ》」をふくら雀《すずめ》に結ばれました。この「御所解貝桶紋様」の柄は、秋篠宮妃紀子さまの納采のときのお振袖とも同じ柄です。娘の幸せを願う母の和服を身に着けることは、新しい旅立ちにふさわしい。母親譲りのお召し物を着こなされた清子さんの清楚な美しさと、日本舞踊で身につけられた立ち居振舞いが印象的でした。

新郎新婦が再び会場に現れると、いっそう大きな拍手が会場を包みました。陛下が身を乗り出すように愛娘の姿を目で追われます。温かなまなざしを向けられる美智子さま。ハイドンの「雲雀《ひばり》」が流れる中、お二人は出席者のテーブルを回られ、一人一人と言葉を交わされ、謝辞を述べられました。

引き出物は、黒田家の家紋の柏《かしわ》と、清子さんのお印である未草《ひつじぐさ》が金銀であしらわれた白磁のボン・ボニエール。おもてなしの料理といい、引き出物といい、伝統を守りながらも、新しいものを取り入れたお二人の工夫が感じられるスタイルでした。

日本一の旧家から嫁がれた清子さんの披露宴は上質でありながら、万事が控えめでした。多くの人々の心に印象深く刻まれた、温かく気品に満ちたひとときでした。

結婚後の記者会見では、身内の表現に「黒田の母」という言葉を使われ、決して受け身ではない新たな生活への決意を見せられていました。ちなみに内親王の結婚相手が皇族でも華族でもなく「平民」であったのは、清子さんが初めてでした。

29 折にふれ、子育てを振り返る

写真展「皇后さまと子どもたち」

平成二十年十月、東京・日本橋髙島屋で写真展「皇后さまと子どもたち」が開催されました。その準備をなさったのはお子様方で、とりわけ一人娘の黒田清子さんが中心になり、写真選びや原稿執筆などを担当されたとうかがっています。展覧会には延べ八万四四六八人が入場し、記念につくられた『皇后さまと子どもたち』（毎日新聞社）も五千部が完売し、増刷するほどの盛況ぶりでした。

写真の大半は、天皇ご一家の幸福が伝わってくるような仲むつまじい写真であり、陛下や美智子さまがご家族を撮影された貴重なカットも公開されました。若かりし陛下が撮られた一枚は、昭和四十三年の夏、軽井沢のご静養の折のもの。そこにはプロのカメラマンのとらえられないような美智子さまの柔らかな表情とお子様方との安らぎの表情がうかがえます。

陛下の写真といえば、ご婚約直前、東京・調布の日本郵船テニスコートで美智子さまを撮影された有名な写真があります。ご自分のカメラで撮影されたものをポートレートに仕上げて、その年の「東宮職員写真展」に出品され、ご自身の執務室にも飾られていました。

以来、陛下がお撮りになる美智子さまの写真は、陛下らしい端正な構図が多く、美智子さまの魅力をもっともよく伝える作品となっています。

美智子さまのカメラの腕前

美智子さまも、学生時代から二眼レフの「ヤシカ44」を愛用してこられました。お子様方がまだ幼いころは、小型カメラの走りである「オリンパスペンS」をご愛用になり、ママさんカメラマンとして、折に触れ、お子様方の日常を撮影されてきたのです。

写真展では、美智子さま撮影の写真も展示されました。ご成婚十二年目、九度目の外遊からお帰りになったばかりの美智子さまが、お子様方にお土産の民族衣装をお着せして撮られたものです。浩宮さま十一歳、礼宮さま五歳、紀宮さま二歳。白樺《しらかば》の林を背景に、お子様方のうれしそうな表情に母のぬくもりが伝わってくる一枚です。

親子同居の家族の歴史がよみがえるこの写真展に、両陛下はおそろいでお出ましになり、お子様方も三人そろって会場入り口でご両親陛下をお迎えになりました。

展示された写真の数々を懐かしそうな表情でゆっくりご覧になった美智子さまは、忙しかった子育ての日々に、ふとタイムスリップされたご様子でした。美智子さまは写真を前に、「ナルちゃん」「アーヤ」「サヤコちゃん」とお子様方の幼き日の愛称をお呼びになったとうかがいました。両陛下と三人のお子様方が公の場でおそろいになったのは、昭和六十三年の大相撲観戦以来のことでした。

「合宿所のような子育て」

皇后美智子さまは、昭和四十年代のエンジン全開の子育て時代を振り返って「合宿所のような子育て」だったと表現されています。

当時、小さな宮様方のおそばにいた職員は若い方ばかりでした。幼稚園入園以前は看護師が、それ以降は親王の場合は男子の「内舎人《うどねり》」、内親王の場合は女子の「出仕《しゆつし》」と呼ばれる二十代か三十代の職員が担当でした。東宮侍従や御用掛《ごようがかり》がその上に立って取りまとめをしていましたが、子育ての体験がない若い職員にとって、宮様方のお世話をすることは大変だったのではないかと思います。

美智子さまは、若い職員たちに本当に大切な要点をお話しになってからは、しっかりお任せになり、決して口出しはなさらなかったとうかがっています。退職した紀宮さま付きの出仕の方々が、未熟だった若い自分たちを信じて任せてくださったことを、ありがたく振り返っています。

平成十七年、結婚がお決まりになった紀宮さまについて、皇后美智子さまは次のようにお話しになりました。

「今ふり返り、清子が内親王としての役割を果たし終えることの出来た陰に、公務を持つ私を補い、その不在の折には親代りとなり、又は若い姉のようにして清子を支えてくれた、大勢の人々の存在があったことを思わずにはいられません。私にとっても、その一人一人が懐かしい御用掛や出仕の人々、更に清子の成長を見守り、力を貸して下さった多くの方々に心からお礼を申し上げたいと思います」

陛下と美智子さまは、お子様方を通して生まれた職員との触れ合いをいつも大切にしていらっしゃいました。その交流は、お子様方が大きくなった今でも変わりなく続いています。

30 母を想う

車椅子の義母・香淳皇后

平成に入り、美智子さまの御歌に「車椅子」が登場するようになりました。時代の流れを感じ、胸が熱くなります。

緑蔭

母宮のみ車椅子をゆるやかに押して君ゆかす緑蔭の道

この和歌は、今上陛下が在りし日の香淳皇后の車椅子を押し、親孝行なさっている情景をお詠みになったものです。美智子さまも折に触れ、香淳皇后の車椅子を押してお散歩されていらっしゃいました。

平成十年六月、英国・デンマーク・ポルトガルの外国訪問からお帰りになったとき、美智子さまは吹上のバラ園で香淳皇后の車椅子を押して、ご一緒に散歩なさったのです。話題は、旧知の間柄でいられる英国のクイーン・マザー（エリザベス皇太后）やエリザベス二世女王の近況と、うかがいました。

昭和天皇がお亡くなりになってからの香淳皇后は、葉山、那須、須崎《すざき》の御用邸での静養と、ご誕生日祝賀行事、武蔵野陵ご参拝をこなされてきました。しかし、須崎と那須の両御用邸は、平成五年を最後にお出かけはなくなりました。武蔵野陵ご参拝も平成六年以降、お出ましはなかったのです。香淳皇后は行動範囲が次第に狭まってきていましたが、車椅子での移動というご負担をできるだけ避けたいというのが当時の宮内庁の意向でした。

義理の母を最後まで立てる

陛下と美智子さまは、昭和から平成にかけて「定例御参内」をこなしてこられました。昭和三十四年のご成婚から昭和の終わりまでで九三一回、平成元年から十年までで三七二回、計一三〇三回。日本の国民のお手本として、温かな家族のコミュニケーションを保つための血のにじむようなご努力が、この回数に感じられます。

紀宮さまの御歌とお言葉をまとめた『ひと日を重ねて』に、次のような記述があります。

吹上御所での参殿は、以前は週一度の定例として伺っておりました。小さい子供を連れてのご参殿は、はらはらなさることも多かったと思われますが、両陛下が、いつもおうれしそうに上がられ、お話になっているご様子を拝見して、「両陛下」というお立場への尊敬と若干の緊張を抱きつつも、「おじじ様」「おばば様」に対して子供らしくお親しみ申し上げ、おいたわり申し上げる気持ちを自然に持つことができました。

こうも書かれています。

受け継ぐべき物事を大切に継承しつつ、その時代に開き得る道を開き、何より大切な精神を伝えた後は、次の世代に関与しない、次の世代は、その世代を担う者が自分の力で築き開いていかなければならない、というのが、両陛下の子供に対する初めからのお考えであったと記憶しています。兄宮は二人とも、自分たちに任された新しい世代の責任を実感していることと思います。

第四章

未来へ
戦争の記憶を伝え、平和の種をまく

1992年
子どもたちとふれあう美智子さま。北京市内の幼稚園で

31 平和を祈る

四つの「忘れてはいけない日」

皇室の仕事の三つの柱は、「平和祈念」「伝統文化の継承」「国際親善」です。美智子さまはこれらの公務を、陛下とともに誠心誠意務めてこられました。

お二人は、新しい皇室をつくることに尽力された一方で、皇室に伝わる独自の伝統文化の継承にも熱心で、伝統を維持し、尊重したいというお考えをお持ちです。昭憲皇太后、貞明皇后、香淳皇后と歴代の皇后から受け継がれた養蚕では、ご自身で小石丸という純国産の蚕《かいこ》の飼育に取り組まれ、成功されました。小石丸は繊細な絹を吐き出す、生命力の弱い小ぶりな蚕ですが、その絹は律令制時代の税制「租庸調」の「調」として納められたといいます。

天皇陛下は皇太子時代に、終戦記念日、広島・長崎原爆の日、六月二十三日の沖縄戦終結の日について、次のように発言されています。

「日本では、どうしても記憶しなければならない日が四つはあると思う。（中略）これらの日には黙とうをささげています。そして平和のありがたさをかみしめています」

天皇家の大切な仕事は、平和を祈り、穀物の豊かな実《みの》りを祈り、苦しみ悲しんでいる人のために祈ることです。平和祈念は、皇室の大切な仕事です。先の大戦では、天皇の名のもとに数百万の人たちが戦場で命を落としています。

昭和一桁《けた》生まれで、疎開を経験されている陛下と美智子さまは、昭和天皇の御《み》世《よ》から、終戦の日、広島・長崎原爆の日、沖縄戦終結の日をお慎《つつし》みの日として毎年家族で黙とうを続けてこられました。

慰霊の旅

陛下と美智子さまは、昭和五十年、五十八年、平成五年、七年に沖縄へ、戦後五十年のころには硫黄島、広島、長崎を巡る巡礼の旅、戦後六十年には玉砕の島サイパン島へお出かけになり、鎮魂の祈りを捧げられてきました。

どの場所を訪問なさるときでも、お二人はその土地や出来事について徹底的に勉強されてから遺族や生存者にお会いになります。

一例をご紹介しましょう。たとえば、硫黄島を訪ねる前には、硫黄島からの生還者、多田実さんの著書『何も語らなかった青春――学徒出陣五十年、歴史を創《つく》ったわだつみの若者たち』(三笠書房、一九九三年)などの本や資料に目を通されます。また、ご本人を皇居に招かれ、お話を聞かれました。戦地の水のない苦しさや、地下壕《ごう》掘りなど、過酷な状況について語る多田さんの話に激しく心を揺さぶられたのでしょうか。

前年の秋に失声症でお倒れになって以来、お声が出なかった美智子さまは、硫黄島を訪問されたとき、遺族代表の方に「遺族の方々は、皆さんお元気でいらっしゃいますか」と奇跡的に気力を振りしぼられ、お尋ねになりました。戦争の犠牲者を目の前にして、天皇家の責務をあらためて強くお感じになり、このときの公務で、はっきりとした澄んだお声を取り戻されたのです。

慰霊の旅で、美智子さまは、どんな状況にあっても必ず陛下と行動をともにされ、訪問先の人々の体験談をじっとお聞きになってきました。硫黄島でも、国が建てた天山《てんざん》慰霊碑と東京都が日米すべての戦死者を慰霊するために建てた「鎮魂の丘」を訪れ、二万数千名の犠牲者の霊に水と花を捧げられたのです。

「戦争で亡くなった全ての人々の鎮魂を祈りました」

陛下は次のように語り、平和への思いを強くされていました。

「祖国のために精魂込めて戦った人々のことを想い、また、遺族のことを考え、深い悲しみを覚えます。今日の日本がこのような多くの犠牲の上に築かれたことに深く思いをいたしたく思います」

また、美智子さまも翌年、次のように語られています。

「慰霊の旅では、戦争の被害の最も大きかった四地域を訪れましたが、この訪問に重ね、戦争で亡くなった全ての人々の鎮魂を祈りました。戦争により、非命に倒れた人々、遺族として長い悲しみをよぎなくされた人々、更に戦争という状況の中で、運命をたがえた多くの人々の上を思い、平和への思いを新たにいたしました」

「天皇陛下万歳」と叫んで身を投げた日本人

戦後六十年、平成十七年六月二十七日には、サイパン島で日本兵や犠牲者の遺族とお会いになりました。翌二十八日には多くの犠牲者を出したバンザイ・クリフ、スーサイド・クリフなどをお回りになって、祈りを捧げられたのです。

サイパン島は、大正三年（一九一四年）から三十年間、日本の統治下にあり、テニアン島などとともに「南洋群島」と呼ばれていました。産業の中心は、サトウキビ栽培と製糖。南洋興発という大きな会社も設立され、当時は、群島全体の人口一三万六千人のうち、およそ八万人が日本人でした。

戦争末期には、サイパン島は「絶対国防圏」の最前線と位置づけられ、上陸してきたアメリカ海兵隊との間で激しい戦いが繰り広げられました。追い詰められた日本人は「天皇陛下万歳」と叫びながら、崖から海へと身を投げたのです。サイパン島では、民間人二万人のうち、一万二千人が戦争で亡くなっています。

二十八日、陛下と美智子さまは、バンザイ・クリフが見える崖の一角に向けて、菊の花を海に投げ、祈りを捧げられました。

サイパンが選ばれた背景には、「日米両国の戦争犠牲者の慰霊ができる」という理由もあったそうですが、何よりも「これからもこの戦いに連なるすべての死者の冥福を祈り」たいという陛下と美智子さまの強いご希望があったといいます。サイパンは広島・長崎とつながる、両陛下の悲願の地であったと言えましょう。

当時七十一歳の陛下と七十歳の美智子さまが、このスケジュールを一泊二日でお回りになったのですから、お二人の体には相当の負担だったことと思います。帰りの飛行機で、美智子さまは首を痛め、ネックコルセットをつけて、その後の公務をお務めになりました。

経験を次世代に伝えていく

その年の十月、お誕生日を前にした美智子さまは、宮内記者会での「今後、戦争の記憶とどのように向き合い、継承していきたいとお考えですか」という質問に対し、文書で次のようにお答えになりました。

「経験の継承ということについては、戦争のことに限らず、だれもが自分の経験を身近な人に伝え、また、家族や社会にとって大切と思われる記憶についても、これを次世代に譲り渡していくことが大事だと考えています。今年の夏、陛下と清子と共に、満蒙《まんもう》開拓の引揚者が戦後那須の原野を開いて作った千振《ちふり》開拓地を訪ねた時には、ちょうど那須御用邸に秋篠宮と長女の眞子も来ており、戦中戦後のことに少しでも触れてほしく、同道いたしました。眞子は中学二年生で、まだ少し早いかと思いましたが、これ以前に母方の祖母で、自身、幼時に引揚げを経験した川嶋和代さんから、藤原ていさんの『流れる星は生きている』を頂いて読んでいたことを知り、誘いました。初期に入植した方たちが、穏やかに遠い日々の経験を語って下さり、眞子がやや緊張して耳を傾けていた様子が、今も目に残っています」

千振開拓地の名は旧満州での入植地、千振開拓団に由来しています。この開拓団は、戦時中、満蒙開拓のモデルケースとされていました。しかし、昭和二十年八月九日のソ連参戦により、農民たちは根こそぎ動員されました。当時、開拓団には二百人の赤ちゃんがいたといいますが、生きて祖国日本に帰れた人はいませんでした。

旧満州は敗戦の悲劇の原体験の土地でもあります。また、引き揚げ時には極寒の満州で、肺炎や腸チフスで多くの日本人が命を落としています。こうした知られざる満蒙開拓団の悲劇を、両陛下が次世代に伝えようとなさる姿勢は素晴らしく、尊敬に値するものです。

戦争によってかけがえのない家族を失った苦労と悲しみを思い、慰霊の旅を続けられる陛下、陛下とともに長きにわたって平和を祈念してこられた美智子さま。

戦後七十年となった平成二十七年には、南方のパラオへ慰霊のためにご訪問。お二人の祈りの旅は、とぎれることなく続けられることでしょう。

32 敗戦の傷跡を乗り越えて

皇太子別居問題

戦前の天皇家の習慣では、子育ては親子別居でした。子どもを両親のそばに長く置くと、養育に当たる人が親への遠慮から厳しいしつけができず、つい甘やかしてしまう。それでは将来、国政を誤る恐れがあるという考えから、両親の手元から離して育てる習慣になっていました。

昭和天皇は明治三十四年（一九〇一年）、皇孫として生まれましたが、生まれてわずか三カ月目から川村純義《すみよし》伯爵《はくしゃく》に育てられました。当時、東京帝国大学医学部教授と侍医を兼任し、大正天皇の健康管理を担当していたドイツ人医師エルウイン・フォン・ベルツの日記には、こう書かれています。ちなみに、皮膚外用薬「ベルツ水」はベルツ教授が発案したものです。

このような幼い皇子を両親から引離して、他人の手に託するという、不自然で残酷な風習は、もう廃止されるものと期待していた。だめ！　お気の毒な東宮妃（引用者注：のちの大正天皇の皇后、貞明《ていめい》皇后）は、定めし泣きの涙で赤ちゃんを手離されたことだろう。

九月十六日（東京）

父親となった昭和天皇は、子どもたちをできるだけ手元で育てたいと希望していました。皇女である照宮《てるのみや》、孝宮《たかのみや》、順宮《よりのみや》の三内親王を、学習院初等科に入って呉《くれ》竹寮《たけりょう》に移るまで皇子御殿で育てられました。昭和天皇はおそらく自分の味わった寂しさをわが子に味わわせたくないというお考えだったと思います。

皇太子継宮《つぐのみや》明仁親王（今上陛下）誕生の翌年、昭和九年から十年にかけて、宮内省首脳部は、皇太子殿下の別居問題について何度も会議を開いています。宮内大臣、内大臣、皇后宮大夫たちは「内親王方と皇太子とはまったく違います。

皇太子をご両親のもとに長く置けば、教育上よろしくありません」としばしば別居を進めていたのです。

この辺りの経緯は、吉田伸弥『天皇への道』に詳しく書かれています。それによると、親子別居の会議は前後九回開かれたものの、意見がまとまりません。そこで当時、大宮《おおみや》様と一目置かれ、良子《ながこ》皇后（香淳皇后）も姑として頭が上がらない貞明皇后にお伺いを立てたのです。すると、貞明皇后は「皇太子は両陛下の子にして子にあらず。そのことを申し上げて早くお膝もとからお離し申せ」と強くおっしゃいました。貞明皇后の一言で親子別居が決まったと言えるでしょう。

三歳三カ月で両親から引き離される

昭和十二年三月二十九日、皇太子殿下は満三歳三カ月でご両親のもとから離れることを余儀なくされ、東宮家を創立されました。その前にも三人のお姉さま方が、皇居内の呉竹寮に移られておりました。

三月三十日の東京朝日新聞には、「新御所《しょ》に御引移《うつ》りの皇太子さまには殊《こと》の外御喜びの御様子に拝せられ御内苑《えん》におりたゝせ給ひ御砂場《すなば》など御満足気《げ》に御覧《らん》あらせられた趣《おもむき》」とあります。新聞記事は明るいものでしたが、現実は厳しかったのです。何しろ皇太子殿下はまだ三歳の甘えん坊。当時のご養育係はのちに、こう語っています。

「本当にお気の毒様だと思いました。あのお年で両陛下のおそばをお離れあそばし、ご兄弟様ともお離れになったのですから。それでも別に無理なこともおっしゃらず、宮中にお帰りあそばしたいというようなこともおっしゃいませんでした。それだけ、よけいお気の毒さまでございました」

ご養育係は、三歳の殿下がわがままも言わず、砂場で一人遊びしているのを見て可哀想《かわいそう》だと思われたのです。養育の体制は、広幡《ひろはた》忠隆皇后宮大夫、ご養育係は伊地知女官、乳母は野口善子さん（竹中敏子さん補欠）と記録が残っています。

昭和天皇がお生まれになったときは皇孫殿下でしたが、明仁親王は「生まれながらの」皇太子。明治二十二年に皇室典範が定められてから、誕生したときから皇太子という初めてのケースでした。

そのため、年配の女性のご養育係、看護婦などに囲まれて「けがをしてはいけない」と過保護に育てられた皇太子殿下は、学習院に入ってからも体育は苦手。階段を駆け上ることも最初は怖がっていたと言われています。

寂しい思いをした学童疎開

戦時中、皇太子殿下は沼津から日光へと学童疎開を体験していらっしゃいます。疎開中も学友たちには家族の面会がありましたが、お立場上、当然家族の面会などはなく、寂しい思いをして成長されたのです。

日光の学童疎開では、終戦直前の宇都宮の大空襲以降、皇太子殿下の食卓にも卵が上らなくなったという耐乏《たいぼう》生活の記録も残っています。

昭和二十年八月十五日の敗戦から三カ月後の十一月、殿下は学友たちとともに日光から東京に引き揚げてきました。その途中、東北本線の列車が荒川鉄橋を渡り、焼け野原となった東京を目にしたとき、皇太子殿下は窓ガラスにくりくり坊主の頭をすりつけて、学友たちとともに泣いたといいます。

33

疎開はお国のため

毎日廊下を雑巾がけ

正田美智子さんは昭和十六年に国民学校一年生だった疎開世代で、戦争中は鵠《くげ》沼《ぬま》、館林、軽井沢と三回の疎開を経験されています。

最初に疎開したのは、神奈川県の鵠沼海岸にある日清製粉の寮でした。美智子さんと弟の修《おさむ》さん、妹の恵美子さんと母の富美子夫人、そして父方のいとこである正田紀子《のりこ》さんと母の郁子夫人という六人の共同生活。続柄を言えば英三郎夫人・富美子さんは正田家の三男の嫁。紀子さんの母上が、順四郎夫人・郁子さんで四男の嫁。そろって雙葉《ふたば》高等女学校の出身です。

美智子さんと紀子さんは一歳違いのいとこどうしでした。父である正田英三郎さんや、兄の巌《いわお》さん、叔父の順四郎さんらは帝都を守るために東京に残り、家族は離れ離れの生活を送っていました。

美智子さんと紀子さんは昭和十九年、湘南白百合《しらゆり》（乃木《のぎ》小学校）に通いましたが、戦時中なので白百合の制服もなく、雙葉の制服のまま肩を並べて通学していました。

戦時中の湘南白百合は生活指導が厳しく、毎日廊下を雑巾がけさせられました。「イチ、ニー、サン、シ」と班長が号令をかけては、一カ所を二十回ほどふき、それが終わると、一歩前進して次のところへ進む。そのおかげで、学校の廊下は人影が写るほどピカピカだったそうです。

東京の雙葉では、そんな経験をしたことがなかった美智子さんは、それを珍しいとお思いになったのでしょうか。学校から帰ってくると紀子さんに「お掃除ごっこをしましょうよ。私が号令をかけるわ」と言っては寮の廊下で二人仲良く床磨きごっこをするというように、なんでも楽しい「ごっこあそび」にしてしまうのでした。

薬の包み紙に包まれた白い粉

日清製粉の寮は海に近く、日当たりもよく、広いお庭と芝生があって、たまに訪ねてくる紀子さんの父、順四郎さんに子どもたちはよく遊んでもらったそうです。子ども好きの順四郎さんは「順おじさま」「かけっこのおじさま」などと子どもたちの人気者でした。小学校時代の美智子さんは活発で、木登りも上手。お部屋の鴨居《かもい》にぶら下がって、そこから飛び降りる練習をしたりする、スポーツ少女だったのです。

成長した紀子さんは、美術展で、ある絵を見ました。それは、浜辺にボートが一つぽつんと置いてあるさびしい絵でした。それを見て、紀子さんは「ああ、戦時中のあのさびれた鵠沼海岸そっくり」と思い、いとこである皇后美智子さまとの共通の思い出を私に語ってくれました。

「空襲があるから遠くへ行っては駄目よ」と母や富美子伯母様に言われているのに、九歳の美智子さんと十歳の紀子さんは、二人連れだってこっそり鵠沼海岸に出かけました。二人で貝を拾っていると、ペンキ塗りをしていた水兵と士官に出会いました。「これをあげよう」と言って、二人にお薬の包みをくれました。紀子さんは、てっきり毒じゃないかと思いましたが、「でも兵隊さんがくれたのなら死ぬかもしれないけど飲まなきゃ」となめてみたら、なんとそれはお砂糖だったのです。舌に広がる甘さを、紀子さんは今でも記憶していると言いました。幼い美智子さんも紀子さんのまねをしてお砂糖をなめたのでした。

当時、お砂糖は薬の包み紙に包むほど、大変な貴重品だったのです。九歳の美智子さんと十歳の紀子さんの二人だけの秘密の体験でした。

鵠沼から館林へ

昭和二十年三月、硫黄島が玉砕、空襲も激しくなり、B29がサイパン島から直接相模湾に侵入してきました。鵠沼もアメリカ軍の艦砲射撃の危険がありました。「危ないから館林へ再疎開しよう」という指示があり、B29に追われるように正田家の本家がある群馬県の館林に再疎開したのです。

美智子さんたちは館林南国民学校に入学しました。美智子さんも紀子さんも早く新しい環境になじみたい一心で、話には土地の言葉、館林の「べーべー言葉」

を使いました。お手玉も、鞠《まり》つきも、美智子さんや紀子さんはいち早くマスター。美智子さんが得意なのは竹馬でした。竹馬を練習して、だんだんに高さを上げ、最後に片足で跳び歩いて片方の竹馬をかつぐ「兵隊さん」というスリル満点の決め技も上手でした。

当時、国民学校ではお弁当は持って行かず、お昼ご飯には家に帰って、乾燥芋《いも》やカボチャが入った雑炊を食べたものです。ある日の正田さん一家の献立を、元お手伝いさんの記憶を頼りに紹介しましょう。

朝食：蒸したサツマイモ、おひたし
昼食：うどん、または雑炊
夕食：麦入りごはん、野菜の炒め煮

「あるもので間に合わせましょう。みんな苦しい時代ですから」と母・富美子さんはよく言っていたそうです。

軽井沢で終戦を迎える

三カ月後の昭和二十年六月末、戦況がさらに悪化し、館林も危ないということで、正田一族は軽井沢に疎開しました。軽井沢東国民学校に転校し、夏休みを迎えたのです。

十歳になった美智子さんと十一歳の紀子さんは、山にゲンノショウコを採りに行きました。地元の子どもはたくさん背負ってくるのに、疎開学童はなかなか思うように採ることができず、恥ずかしい思いをしたそうです。

別荘の庭に古い桑《くわ》の木がありました。その実を採ってジャムをつくり、代用食の蒸しパンにつけて食べることも、美智子さんは経験しています。当時、ヤギの親子を飼っており、親ヤギを「マコちゃん」、子ヤギを「チコちゃん」と名付け、お二人は毎日ヤギの乳搾りをしました。乳搾りは美智子さんが一番お上手だったそうです。

美智子さんと紀子さんは昭和二十年八月十五日の終戦を軽井沢の別荘で迎えました。雑音入りのラジオで玉音放送を聞いたといいます。

34 順おじさまの思い出

原宿から青山一帯を焼き尽くした「山の手大空襲」

美智子さまの父方の叔父、正田順四郎氏は昭和二十年五月二十五日、東京山の手大空襲で戦災死されました。三十九歳でした。追悼詩、「順おじさま」は昭和二十二年、正田家三回忌の追悼文集「思ひ出」に収録されたものです。

思い出せば　もう三年になる
日あたりのいい　鵠沼の家で
順おじ様を　皆してかこみ

かけっこ　かけっこと　せがんだものだった。

順おじ様も　上着をかなぐりすて
砂かげろうの立つ鵠沼の庭を
ヨーイ・ドンで　皆して走る
何度やり直しても　おじ様の勝ちだった。

今でもお庭で　かけっこをして遊ぶと
おめがねの下で　笑いながら
私たちをかけぬけて　ふりかえられる
おじ様のお顔が　見えるように思う。

館林の悲しい　おそう式がすんで
軽井沢また東京と　住む場所が変わっても
私の手箱の中に　思い出をこめて
おじ様のお形見が　ひめられている。

当時、正田美智子さんは中学二年生。繊細な感性の持ち主だとわかります。順四郎氏の娘である紀子さんは、俳人・柚木《ゆき》紀子として多くの賞を受け、活躍されています。紀子さんは昭和二十年五月二十五日の夜、館林から見た東京の空が真っ赤であったことを記憶しています。

その夜、気丈な富美子伯母様はなんでも子どもに体験させようと思ったのか、「起きてみなさい」と言って、子どもたちに東京の空を見させたといいます。紀子さんは「不思議なことに起こされたとき、私は父の夢と火の夢を見ていました。あのときお父様は火の中にいたのね」と振り返っています。

「紀子ちゃんがかわいそうだ」

「順おじ様は足が速いから逃げおおせたわよ。原宿は神宮の緑が多いところだし」と最初は誰も心配していなかったそうですが、順四郎氏は一日たっても二日たっても帰ってきません。三日目に紀子さんの母、郁子夫人が英三郎氏にともなわれて東京に夫を捜しに出かけていきました。

原宿から青山にかけての大惨事を目の当たりにした郁子夫人は、すっかり気が抜けてしまったそうです。この山の手の大空襲の死者は二五五八人、負傷者は八二六五人にも及んでいます。当時、紀子さんは十二歳。正田の大おじ様が「もうあきらめたほうがいい。お父様は亡くなったと思うよ」と知らせてくれたのでした。

館林の応接間で「紀子ちゃん、じつはね……」と聞かされたときの話を、のちに紀子さんが美智子さまに伝えると、美智子さまは「あのときだけは、平素涙を見せたことのないあなたのお母様が泣いて泣いて『紀子ちゃんがかわいそうだ』と言われていたのよ」とおっしゃっていました。

「私の母はおとなしい人でしたし、東京のものすごい焼け跡を見たので一時は心神喪失状態でした。『お父様はいっそ防空壕に避難してらしたほうが助かったのではないでしょうか』と問うと、母は『いいえ、防空壕にいても蒸し焼きになってしまったでしょうね。隣組の防空班長をしていたので最後まで逃げるわけにもいかなかったのでしょう』。逃げ遅れて、どこで焼死したかもしれないので、お墓にはベルトだけ入っています。お手伝いさんや同居していた人たちはずっと先に逃がしてあげていたんです」

紀子さんはそう話してくれました。

順四郎氏が最後に館林を訪れたときは、国民服に戦闘帽、ゲートル姿で、紀子さんに兵隊さんのように敬礼して見せたそうです。そして、東京から本当の赤ちゃんのように肌がすべすべした「るり子ちゃん」というお人形を持ってきてくれました。

紀子さんが大切にしていたこのお人形のことを美智子さまもご存じで、「お人形を持ってきてくださるなんてやさしいお父様ね」とおっしゃったといいます。戦時中の疎開生活をくまなく語ってくれた紀子さんは、平成六年秋に出版された第三句集『麺麭《ぱん》の韻《こえ》』（角川書店）を「いとこに」捧げました。それをご覧になった美智子さまは「いとことは私のこと？」と紀子さんに聞かれたそうです。もちろん美智子さまのことです。

現在、東京のシャンゼリゼといわれる原宿から青山にかけての一帯は約七十年前には悲しい歴史がありました。地下鉄表参道駅のそばにひっそりと建つ、港区が建てた慰霊塔があります。それは昭和二十年五月二十五日の山の手の大空襲で戦災死された人々を弔《とむら》うものです。

原宿・代々木周辺も四度名前が変わりました。白馬にまたがる昭和天皇を戴いて観兵式が行われた、軍国主義の象徴「陸軍代々木練兵場」は戦後、米軍キャンプ「ワシントンハイツ」になり、昭和三十九年には日本に返還され「東京オリンピックの選手村」となりました。現在では「代々木公園」と名を変え、新宿の超高層ビル群を望むかたちになっています。

「郁子おばちゃまのお顔をお参りしたかったから」

美智子さまが疎開時代をともに過ごしたいとこの正田紀子さん一家は、東京都新宿区四谷若葉に住んでいました。学習院初等科の裏手にあたり、赤坂御所とはほんの五百メートルの距離だったのです。

マンションのベランダには時折、都心では珍しいルリビタキが飛んできました。「御所の鳥が来てくださったと思っていたのよ」と紀子さんがいうほどお互いの住まいは近かったのですが、皇太子妃になられた美智子さまと紀子さんが再会することは長くかないませんでした。

私の取材ノートによると、一男三女の四人の子どもを育てた紀子さんは「子育ての時期の二十年はあちらさま（美智子さま）とはこういう関係、と子どもたちには話しませんでした」と話してくれました。

紀子さんの子どもたちが、自分たちのおば様が美智子さまと知ったのは昭和六十二年四月四日、紀子さんの母、正田郁子さんがなくなられたときでした。「郁子おばちゃまのお顔をお参りしたかったから」と言って、美智子さまはお忍びで四谷若葉の紀子さん宅を訪問されたのです。マンションの前は一方通行で車が入れません。美智子さまは手前で車を降りて百メートルほど歩いてこられました。「人に気づかれないよう気を使っておいでいただきました。私がご遠慮申し上げていたのに、あちら様からさっと行動されて、ここぞというときには助けてくださる。自然体な方ですね。改めて出会えて光栄だと思っております」

美智子さまはそのとき対面した紀子さんの子どもたちに「あなたたちも小さかったからお目にかからないようにしていたけど、こんな近くに住んでいたのね」と穏やかな口調でおっしゃったそうです。

35 沖縄に思いを寄せる

沖縄「豆記者団」との交流

沖縄県は、太平洋戦争中に日米の戦場となりました。軍人ばかりではなく、一般国民にも二十万人もの犠牲者を出し、戦後も長く米軍基地として厳しい占領の時代を体験してきました。「日本全土で一般人を巻き込んだ地上の戦闘が行われたのは沖縄だけで、その犠牲は広島、長崎と比べても決して小さくはない」と皇太子殿下（今上陛下）が話されるように、美智子さまも沖縄には特別な思いを寄せられてきました。

話は昭和三十年代までさかのぼります。東京都世田谷区立山崎中学校に山本和昭さんという英語の教員がいました。

山本先生は昭和三十三年、アメリカの占領下にある沖縄を訪問し、占領政策により本土と隔絶された沖縄の子どもたちも同じ日本人であるとの思いから、沖縄と本土との子どもたちの体験交流を思いつき、その実現に奔走してきました。昭和三十八年、七校二十四人の第一次沖縄豆記者団《まめきしゃ》が本土を訪問しました。この豆記者団を迎えるにあたって、山本先生は、当時皇太子だった陛下と沖縄の豆記者たちとの交流を思いついたのです。

四月一日。沖縄の子供たちは元赤坂の東宮御所で一人ひとり紹介され、殿下もまた、子どもたちに沖縄の様子をお尋ねになったのです。殿下はのちに、「沖縄の豆記者たちとの出会いは、私の心を沖縄に向けて開くことになりました」と語っておられます。

以来、豆記者団との交流は毎年、皇太子殿下を中心に東宮ご一家の家族ぐるみで進められてきました。その後その交流は、夏休みの軽井沢に場所をあらため、和気あいあいとした交歓会になったのです。

沖縄の子供たちは歌や琉球舞踊も披露しました。その歌や踊りのお返しに「アーヤ、得意のトンボ返りをお見せしたら」と美智子さまがリクエストしたところ、礼宮さまが沖縄の子どもたちの前で、見事なバック転をされたこともありました。

紀宮さまが中学生のころに、自己紹介で「たらこが好きなので、ニックネームはたらこと呼ばれています」と言ったところ、沖縄の豆記者たちから大きな笑い声がわき上がったこともありました。

殿下と美智子さまはこの交流会をとても楽しみにしていて、毎年時間をかけて沖縄の豆記者たちとお会いになってこられたのです。

昭和五十年、お二人が初めて沖縄を訪ねたとき、帰途に就く那覇空港で、顔見知りの豆記者たちが出発ゲートに近い金網の外に見送りに来ていました。それを見つけられた殿下と美智子さまはゲートの前で車を降り、豆記者たちの方へ歩み寄られたのです。

「お見送りありがとう。こんな金網越しでごめんなさい」

美智子さまは一人ひとりに声をかけられました。

子どもたちの世代に引き継がれる

第一次豆記者団の来訪から半世紀の時が流れ、初代の豆記者たちは成長し、県の役人や商店の主、沖縄県警の警官などになりました。

今や、その子どもたちの第二世代が豆記者となり訪れる時代となっています。天皇ご一家との交流は今も変わらず続き、皇太子ご夫妻、秋篠宮ご夫妻はもとより、愛子さまや眞子さまも豆記者団にお会いになり、交流のひとときを持たれています。

愛子さまが、沖縄の豆記者第二世代と交流されたときのレポートをご紹介しましょう。

平成十六年七月二十八日、沖縄県宮古《みやこ》郡伊良部《いらぶ》町伊良部小学校の児童四十名は、例年にない猛暑の中、真っ黒に日焼けして、元赤坂東宮御所を訪問。

そのときの模様を六年生の豆記者・伊佐真知子さんはこう話しています。

「東宮御所を訪問したのが二時ごろ。四十人ほどの小学生のグループのところに皇太子さまが愛子さまを連れてきてくれました。お父様に手をひかれた愛子さまの第一印象はおとなしくて色白、ぽっちゃりして可愛かった。オレンジ色の金魚のついた夏らしいワンピースで恥ずかしそうに立っておられました。二歳半と聞いていましたが、実際よりお姉さんぽく見えました。私たちが思わず『かわいい、かわいい』と騒ぎながら取り囲んでしまったので、愛子さまはキョトンと驚かれた様子でした。皇太子さまが愛子さまに『こんにちは、は？』『ご挨拶して』とやさしく教えてあげると、愛子さまは小さな声で『こんにちは』とおっしゃいました。お人形みたいでした。五、六分して皇太子さまが『バイバイは？　できるでしょ？』と教えられると、愛子さまはコクンとうなずいてバイバイして、お父様に手を引かれて会場をあとにされました」

お父様である皇太子殿下の印象を尋ねたところ、豆記者たちは「品があってやさしくて『ゴーヤーチャンプルー好きですか』と聞かれて『私も沖縄で食べましたよ』とおっしゃいました」と答えています。

小学生を引率してきた屋嘉比《やかび》正則さんも感慨深げに「愛子さまは大勢の真っ黒な顔をした小学生に会ってちょっと緊張していらっしゃる感じでした。よく愛子さまを私どものところに連れてきてくださった」と感激していました。

沖縄の豆記者交歓会は、東京の公立中学の英語教師山本和昭先生の情熱で始まり、継続してきました。沖縄が経験した悲劇の歴史を次の世代に伝えるべく、沖縄と本土との豆記者交歓会がおよそ半世紀にわたり続けられてきたのです。

陛下と美智子さまが、戦争の悲惨さを次の世代に伝える活動をテーマにされているのは周知の事実です。それを受け継がれた皇太子殿下が、自分の宝物である愛子さまを沖縄の子どもたちと交流させようとする努力は、じつに温かくほほえましく、平和を願う気持ちが伝わってきます。心を寄せ続けることは、こうして次の世代に受け継がれていくのです。沖縄は一般国民二十万人が戦場で散った、悲劇の現場です。

両陛下は、戦時中のひめゆり部隊の生存者である源《みなもと》ゆき子さんや、宮良《みやら》ルリさんとの交流も続けられてきました。全国巡幸で沖縄訪問のみを果たされなかった昭和天皇の、「たづねて果さむつとめありしを」（昭和天皇御製より）という思いを、先帝陛下に代わって実現し、鎮魂の祈りを続けてこられたのです。

36

命を懸けて、命を守る

ひめゆりの塔・火炎瓶事件

天皇皇后両陛下は、どこに行かれても人々の注目の的です。つねに大勢の人に囲まれ、ほとんどが歓迎ムード一色とはいえ、なかには、天皇制を快く思わない人たちが紛れ込んでいないとも限りません。不特定多数の公衆の面前では、危険はいつも隣り合わせ。ときには、反天皇制を標榜《ひょうぼう》する過激派の標的になることもあります。それでも黙々と公務を続けられてきたのです。

美智子さまはそんな陛下に寄り添い、六十年近くも行動をともにされてきました。

昭和五十年七月十七日に、事件は起きました。

沖縄海洋博の開会式にご出席のため、皇太子殿下（当時）と美智子さまは、初めて沖縄を訪問されました。お二人は、ひめゆりの塔を参拝するため、午後一時十九分、現場に到着しました。

ラジオの実況が「ただいま両殿下ひめゆりの塔の前に額《ぬか》ずき、ひめゆり部隊の御霊に哀悼《あいとう》の意を表しておられます」と伝えます。

ひめゆり同窓会長・源ゆき子さんが両殿下にご説明していたまさにそのとき、過激派によって献花台に爆竹と火炎瓶一本が投げ込まれ、炎上。たちまち炎の波となって両殿下の足元に流れたのです。

現場は大混乱です。警備担当のSPは、東京から来た皇宮警察本部の私服警官たちです。その場で犯人を組み敷き、過激派二人が現行犯逮捕されました。このとき、殿下は美智子さまをかばいながらズズとあとずさりされ、安全な場所へと移動されました。

源ゆき子さんは、「不意に慰霊塔の裏から男たちが飛び出して火炎瓶を投げつけたのです。殿下はとっさに美智子さまの肩に手を回されて庇《かば》うようになさいました」と話しています。

東京から警備の責任者として同行した佐々淳行氏による『菊の御紋章と火炎ビン』から、当時の様子をふり返ってみましょう。

声もふだんの通り、表情も穏やかで側近に囲まれて安全な場所に避難されたときの皇太子の最初の第一声が、「源《みなもと》さん、無事でしたか？　皆さん、怪我はなかったですか？」だった。

その日の夕方、早速お詫び言上に宿舎ハーバービューホテル貴賓室に参上した私は、妃殿下の白い脛に痛々しい打撲傷のアザが残っているのに気がついた。

その際、皇太子はまず「こんどの事件で、沖縄県警はじめ警察の人たちを処分しないようにして下さい」と仰言った。

これは本当の御意思だったようで、東宮の黒木従達侍従が、改めて「警察官を処分しないように、浅沼警察庁長官に電話せよ」という御指示があったと、私に囁いた。

のちに殿下はこう発表されました。

「払われた多くの尊《とうと》い犠牲は、一時の行為や言葉によってあがなえるものではなく、人びとが長い年月をかけて、これを記憶し、一人ひとり、深い内省の中にあって、この地に心を寄せ続けていくことをおいて考えられません」

べにばな国体・発炎筒事件

平成の御世になっても危機は続きます。

平成四年十月、両陛下が中国を初めて訪問する直前、山形県天童市で行われたべにばな国体の開会式でも、事件は起きました。

陛下が祝辞を述べられているとき、競技場のトラックに飛び出した男が、「天皇訪中阻止」を叫び、ロイヤルボックスに向かって発炎筒を投げつけました。このとき、陛下の左隣にお立ちになっていた美智子さまは、陛下の心臓部をかばうように、とっさに右手を差し出されたのです。

私はそのときの映像をスローモーションで幾度もチェックしましたが、美智子さまはその瞬間、目を大きく見開き、右手で陛下の胸をかばい、左手は指をぎゅっと強張《こわば》らせていらっしゃいました。このような予期せぬ出来事のときほど、人の本音や覚悟が表れるものです。美智子さまの右手はさながら「夫をかばう武士の妻の手」という印象でした。ほっそりとしたお姿からは想像もつかないほどの冷静さと、強い精神力をあわせ持った方だとお見受けしました。

振り返れば、昭和三十四年四月十日のご成婚のあの日、皇居前広場で少年による投石事件もありました。

たまきはるいのちの旅に吾を待たす君にまみえむあすの喜び

美智子さまが皇室に嫁ぐ決意の和歌です。「たまきはる」は「いのち」の枕詞。美智子さまは、まさに命懸けで天皇家に嫁いでいらしたのです。

37 小児まひの少女を支える

日系人の多いブラジルを三度訪問

赤色土《テラ・ロッシャ》つづける果ての愛《かな》しもよアマゾンは流れ同胞《はらから》の棲《す》む

歌会始御題　川

果てしなく続く赤土色の南米大陸を貫いて流れるアマゾンの大河――はるかなるこの地を私たちの同胞が切り拓き、たくましく暮らしている。その大いなる努力に、美智子さまは心からの賛美を送られたのです。

陛下と美智子さまは、皇太子（妃）時代を含めて三回ブラジルを訪問し、日系人から大歓迎を受けてきました。

最初のご訪問は昭和四十二年。サンパウロ市内では、沿道に三十万人もの人々が出て、皇太子殿下と美智子さまをお出迎えしたのです。人々は美智子さまが作詞された「ねむの木の子守唄」を歌うなど、熱烈な歓迎ぶりでした。

歓迎式典の後、美智子さまはサンパウロ市内のサンタ・カーザ慈善病院を訪ね、当時十歳の日系三世の少女、芹口百合子ちゃんをお見舞いされました。百合子ちゃんは四歳のときに重度の小児まひにかかり、以来、寝たきりの闘病生活を送っていたのです。

美智子さまは百合子ちゃんの日記帳を手に取って、「早く元気になって、いつか日本に遊びに来られるよう祈っています」とお書きになり、「ゆり子ちゃん、愛と祈りをこめて……美智子」というサインを残されました。帰国後、美智子さまは折に触れ、百合子ちゃんに手紙やクリスマスカードを送り続けました。「心を寄せ続ける」という思いを実行されたのです。

芹口百合子さんとの交流

　美智子さまの海を越えた温かいメッセージに励まされた百合子ちゃんは、十四回もの手術を受け、それを乗り越えてきました。そして、ついに自力で歩けるようになるまで回復したのです。

　昭和五十三年六月、皇太子殿下と美智子さまは再びブラジルを訪問され、日本人ブラジル移住七十周年記念式典にご出席になりました。会場になったパカエンブー競技場は九万人の日系人で埋まりました。その中に、美容師になって元気に働いている芹口百合子さんがいたのです。

　美容院を経営していた百合子さんは、お出まし先の日系老人ホーム「憩《いこい》の園」までお迎えに来て、美智子さまと再会しました。美智子さまの長年にわたるお手紙やメッセージカードで元気をいただいた百合子さんは、自分の夢を叶え、美容師となり、自立した姿を美智子さまにお目にかけることができたのです。再会の折、百合子さんの元気な姿をご覧になった美智子さまは、感動の涙を流されました。百合子さんは美智子さまにこれまでの励ましのお礼に、と蘭の花束を渡しています。

このとき、美智子さまは白い手袋でやさしく百合子さんの手を握り、温かなまなざしを投げかけられており、お喜びもひとしおのご様子でした。

ブラジルと日本の国旗を手にした百合子さんとの再会をお喜びになる美智子さま。この光景はまさに、皇室の国際親善が千人の大使を派遣するのと同じくらいのインパクトがあることを象徴しています。

三十年間、心を寄せ続ける

三度目のご訪問は平成九年、即位後初のご訪問でした。両陛下の仲むつまじくお手をつながれる姿は現地の人々に好感を与え、各地で大歓迎されました。このときも美容師として、経営者として活躍する百合子さんと再会しています。

ブラジル訪問と一言でいっても、ブラジルは地球の裏側の国、飛行機で四十時間もかかります。過密スケジュールからくる疲労で、美智子さまは帰国後、帯状疱疹《たいじょうほうしん》を患《わずら》い、市ケ谷の東京逓信病院に入院されました。皇族で宮内庁病院以外の病院に入院されたのはこれが初めてだったのです。

美智子さまはお立場上、だれか特定の人、一人に思いを寄せることは難しいのですが、できる限り長く支援を続けてきた芹口百合子さん。三十年もの長い間、一人の少女の幸せを願い続けた美智子さまと百合子さんの物語は、「心を寄せ続ける」美智子さまの信念を語るにふさわしいエピソードだと思います。

38 国と国の懸け橋に

術後わずか三カ月で渡英

平成二十四年六月、英国のエリザベス二世女王陛下は、めでたく在位六十年をお迎えになりました。五月十八日、女王陛下の即位六十周年を祝う午餐《ごさん》会が、ロンドン郊外のウィンザー城で開かれました。そこには、ご招待を受けた各国の君主に交じって、日本の天皇陛下と皇后美智子さまのお姿があったのです。

天皇陛下はこのとき七十八歳、美智子さまは七十七歳。このたびの英国訪問を強く望んでおられたという天皇陛下は、わずか三カ月前に心臓の冠動脈バイパス手術を受けたとは思えないしっかりとした足取りで、お出迎えの女王陛下に歩み寄りました。

ゲストの中で、約六十年前の女王の戴冠式《たいかん》に出席されているのは、日本の天皇陛下（当時は皇太子殿下）とベルギー国王のお二方のみ。エリザベス女王自ら陛下と美智子さまをエスコートされるご様子は、特別のおもてなしであったといえます。

メニューは羊肉料理。お席はエリザベス女王の左隣が天皇陛下。そして、皇后美智子さまはスウェーデンのカール十六世グスタフ国王を挟んで右隣。たいへん意味深い席次とは言えないでしょうか。ここには日英の深い絆が感じられます。女王ご夫妻と両陛下は、平成十九年の訪英以来の再会に、うれしそうな表情を見せておられました。

じつは、天皇陛下のご体調を考えると、このときの英国行きはご無理ではないかといわれていました。外務省は、手術直後の陛下にお願いするのは忍びないとして、皇太子殿下がご名代でと宮内庁に打診したとか。これに対して、両陛下はどうしてもご自分たちで行きたいと強いご意向を示されたのです。

その年の行事の中でも、三月の東日本大震災一周年追悼式への参列と並んで、五月の訪英は、両陛下にとってどうしても外せない行事でした。なぜか。百四十年にわたる歴史的な友好関係はもちろん、それ以上に、両陛下には泉のようにわき出る英国王室への親愛の気持ちがあったのでしょう。もちろん、エリザベス女王との個人的な友情も含めてです。

「神の手」を持つドクター

天皇陛下が葉山で和船を漕がれたあと、胸の苦しさを訴えられたのは平成二十二年。その後の検査で、冠動脈に異常が認められた天皇は、平成二十四年二月十八日、心臓のバイパス手術を受けられます。

担当医師は、心臓外科の世界で「神の手」の異名をとる順天堂大学附属病院の天野篤医師。四時間に及ぶ心臓の手術は大成功でした。翌日の新聞には「天皇陛下五月ご訪英可能」という見出しが躍ったのです。

天野医師はのちの会見で、記者団から「手術にあたってのプレッシャーは?」と聞かれ、「なかったわけではないが、普段からそれなりに自分でプレッシャーをかけている」としながら、五月十八日に予定されていたエリザベス女王在位六十年の記念行事への陛下のご出席について明言されたのです。

「行けると思います。胸水の問題が解決していれば。逆に言えば、問題はこれだけです。（胸水は）時間と気候が解決すると思う」

陛下はかねてより「ご自分の体調についてすべて国民にオープンに」とのお考えをお持ちでいらっしゃいます。

東大病院の関係者はこう語っています。

「これまで皇室医療の中心は一貫して東大系の医師でした。実際、我々は今では宮内庁病院に代わり『御用病院』のような位置づけにあります。これに対し、天野医師は三浪の末に日大医学部に進学し、卒業後はひたすら民間病院で腕を磨いて、順天堂病院に迎えられたドクターです。いわば、腕一本でのし上がってきたドクターで、東大の医師とは違います」

術後わずか三週間の三月十一日、国立劇場で挙行された震災一周忌の行事に、両陛下はおそろいで出席されました。皇后美智子さまは和装の喪服にお草履《ぞうり》を履き、術後の陛下を支えるように並んで歩かれました。会場では、陛下はしっかりとした足取りで、美智子さまとともに壇上に上がられ、献花なさったのです。

陛下の熱いお気持ちを支える美智子さま

話をエリザベス女王に戻しましょう。

午後三時三十分に終了した午餐会の約四時間後、夜八時からはバッキンガム宮殿でチャールズ皇太子主催の晩餐会が催されました。両陛下も昼間に引き続いてのご出席になります。ところが、この午餐会の直前には、お二方はホストとホステスとして、日ごろお世話になっている英国関係者を日本大使館にお招きになり、パーティーを開かれているのです。陛下はその場で、流暢な英語で「日英両国の間で長きにわたって育まれてきた深い友情をさらに強めるものであったことと感じています」とおっしゃいました。

週刊誌などではよく「陛下の過密スケジュール」という表現が躍っていますが、国際親善の舞台では、文字どおり分刻みのスケジュールをこなしていらっしゃるのです。

我々の想像を遥かに超えた過密スケジュールを乗り越えて、なんとか英国女王のご慶事に参加したいという陛下の熱いお気持ち。そして、そのご希望を実現して差し上げたいとひたすら陛下に寄り添ってこられた皇后美智子さま。

平成三年十二月、夫君陛下のお誕生日に美智子さまが詠まれた御歌を、最後にご紹介しましょう。

わたつみ

わたつみに船出をせむと宣《の》りましし君が十九の御夢《おんゆめ》思ふ

天皇陛下御誕辰御兼題

美智子さまが陛下の初志貫徹をお助けした英国訪問でのお姿を見るにつけ、ふとこの御歌を私は思い出すのです。

文庫版のためのあとがき

美智子さまがお生まれになった昭和九年（一九三四年）、偶然にも同年に生を受けた私は、振り返れば、人生の中心にいつも美智子さまがおりました。

大学生のころのことです。

皇太子妃発表の四年近く前、昭和三十年一月十五日、成人の日を記念し読売新聞が懸賞論文「はたちのねがい」を全国規模で募集、発表しました。まだ「女は高卒でたくさん」と言われた時代。四年制大学に進学した生意気な女子大生はこぞって応募したのです。

全国から集まった論文は四千通以上。その二位に入選したのは、なんと聖心女子大学の正田美智子さんでした。題は「虫くいのリンゴではない」。内容は戦争と戦後の混乱という、恵まれない時代に育った自分たちの世代と、「自分は虫食いのリンゴの中に生まれついた」というT・ハーディの小説『テス』にある表現とを重ねながら未来の生き方を語ったものです。

当時、早稲田の学生だった私も、「神近市子の人権問題」をテーマに応募しましたが三次選考で落選。私は悔しい思いをしたわけですが、美智子さまが、ただ入選しただけなら、「同年代に文才のある方がいる」と思うだけで、その名は忘れてしまったでしょう。

ところが、発表から一カ月も経たない二月五日付けの新聞に「二位入賞・聖心女子大の正田さんは賞金二〇〇〇〇円のうち一〇〇〇〇円を東京都を通じて恵まれない人への社会事業寄付。残りの半分をマザー・ブリット学長に奨学資金として寄付」とありました。この報道で、自分と同年代に「スゴい方」がいらっしゃるということ、そして「正田美智子」というお名前が私の頭の中に強く刷り込まれてしまったのです。私はもし当選したらスキーに行こうと考えていたので、誠にお恥ずかしい次第でありました。

そして、昭和三十三年十一月二十七日、史上初の民間出身の皇太子妃として正田美智子さんが発表されたのです。歴史のヒロインは論文二位入賞、聖心女子大の「あのスゴい方」だったのです。

御成婚の日、希望に満ちた日本

日本中がミッチーブームで盛り上がり、翌三十四年四月十日のご成婚パレードをNHK、民放各局はこぞって中継しました。大学卒業後、日本テレビの公募第一期生として入社していた私は、スタッフの一員として、青山学院角のハレルヤコーラスを担当。画面に映った美智子妃のアップは溢れんばかりの健康美でありました。

昭和二十八年に開局したテレビジョンは、当時まだ若いメディアでしたが、五年後の昭和三十三年に一〇〇万台、翌年にはミッチーブームの影響で二〇〇万台に倍増し、「なにかあったらテレビをつける」という新しいライフスタイルが生まれたのです。これが高度成長の前触れともなりました。

それから十年後の昭和四十四年、天皇家恒例のお正月の歌会始でのこと。お題は「星」でした。皇太子妃美智子さまの御歌をご紹介しましょう。

幾光年太古の光いまさして地球は春をととのふる大地

お題の「星」を地球と見立てる感覚の新しさに、これまでの歴史にない新しい皇后像の誕生が予感されました。美智子さまは昭和三十五年に浩宮さま、昭和四十年に礼宮さまを御出産。この時昭和四十四年には、紀宮清子内親王（後の黒田清子夫人）を宿しておられ、まさに「地球は春をととのふる大地」だったのです。

そして、昭和六十四年一月七日、昭和天皇崩御。このとき、テレビ放送史上初、全局がほぼ同一の番組を放送。昭和天皇の崩御報道に、国民の視線が注がれました。かくして象徴天皇は即位し、美智子さまは日本でただ一人の存在・皇后陛下になられたのです。

それ以来「近代的な教育を受けた令嬢が日本一の旧家に嫁ぎ、いかに人生を開かれたのか」が私が長年フォローしてきた女性学のテーマとなりました。美智子さまは陛下に寄り添い日本の敗戦という昭和天皇の負の遺産を背負い、社会的弱者に寄り添い、日本中の尊敬を集めて今日に至っているのです。

幾多の苦難を乗り越えられて

この六十年が幸せの平らな道のりだけではなかったことは多くの国民の知るところでしょう。民間出身の皇太子妃の登場という現実を受け入れがたいことと感じていた旧皇族・華族が存在していたことは事実です。

昭和二十年、軍人だけではなく一般市民も含め約二十万人の死者を出した沖縄戦。終戦後、昭和天皇が唯一訪れることが叶わなかった場所です。

昭和五十年七月十七日、お二人は沖縄国際海洋博覧会の開会式に御出席のために沖縄を訪れました。「たとえ石を投げられても行く」という皇太子殿下（当時）の強い意志が実現させた訪問でした。

このとき慰霊のために訪れたひめゆりの塔の前で「火炎瓶事件」が起きました。ひめゆりの塔は、いわば沖縄戦の悲劇を象徴する慰霊碑です。そこに皇太子殿下と美智子妃が献花、祈りを捧げられた直後、突然バーンという大きな音と同時に、二メートルにも及ぶ火柱が上がりました。塔の裏側の穴から、覆面をした過激派の男が火炎瓶を投げつけたのです。反天皇制の標的となったお二人は、黙々と公務を続けられ、平和を願うひたむきなお姿は県民の多くを感激させました。

また、平成四年（一九九二年）秋、日中国交正常化二十周年の年に天皇陛下と美智子さまは中国訪問を果たされました。その直前の十月四日、事件は起きました。山形県天童市で行われたべにばな国体の開会式。トラックに突然男が飛び出し、「天皇訪中阻止」といってロイヤルボックスに向けて発煙筒を投げたのです。幸いけが人もなく、陛下も淡々とお言葉を続けられましたが、このときの皇后美智子さまの冷静さは語り草になりました。その様子は、本編に書いたとおりです。

このような体験が恐ろしくないと言っては嘘になるでしょう。予期せぬ危険にさらされながら公務を果たすことは、筆舌に尽くしがたい精神力が求められるのです。

また美智子さまは、失声症の苦しみも味わわれました。原因は、長年のさまざまなご心労と過密スケジュールによる疲労、一般週刊誌によるバッシングが重なったものと思われます。

祈る皇室から行動する皇室に進化した平成の天皇家。雲仙・普賢岳噴火の被災地へ足を運ばれた折、避難所の床にペタリと座って被災者を激励する陛下と皇后様のお姿が印象的でした。両陛下はその後も阪神・淡路大震災、東日本大震災など自然災害の被災地へ足を運ばれています。

お二人のその精神的な強さを思うとき、私たちは日本人でよかったと心から思えるのではないでしょうか。

深い慎みと尊敬の念

平成二十八年八月八日、天皇陛下は生前譲位の意向をにじませたお気持ちを、ビデオメッセージで国民にお伝えになりました。

そのお言葉を受けて翌二十九年六月九日には、天皇陛下の退位に関する特例法が成立しました。陛下が譲位し上皇になられるのは六代前、江戸時代の光格天皇以来のこと。国民はおよそ二〇〇年ぶりに陛下の譲位に立ち合うこととなったのです。

陛下がお手本とする光格天皇の在位中には、歴史的に有名な天明の大飢饉が起こり、全国で餓死者も出て国民が苦しんだのです。この時、光格天皇は、幕府に対し「飢饉で苦しんでいる国民を救済せよ」と申し入れたという記録が残っています。

このご発言に先立ち、平成二十五年十一月十四日には陛下と美智子さまはご自分たちの葬儀の準備を整えるお考えを宮内庁を通して発表しています。それは御陵とご葬儀の在り方を変えるというもので、これまでの皇室にはありえない画期的な行動でした。

国民の負担にならないよう、殯宮祗候《ひんきゅうしこう》、土葬をやめ、火葬にし、御陵は大正昭和両陛下の物より小ぶりにすると言います。代替わりを強く意識された陛下と美智子さまのご決断は国民の負担を考えての思いやりです。国民の事情を考え、ご自分たちは控えめに合理的な判断をされています。

「陛下のお墓のそばに小さな祠でも」

宮内庁によれば、陛下は美智子さまと合葬を希望されましたが、美智子さまは畏れ多いことと遠慮なさったと言うのです。

私は畏れ多いという言葉を久しぶりに聞きました。これも美智子さまの慎み深さと陛下への尊敬の表れでしょう。

昭和三十二年に軽井沢のテニスコートで運命の出会いをされてから約六十年。

結婚以来陛下のお側で一歩下がりつつ陛下を支え続けてこられた美智子さまならではのお考えだと思います。

長年お二人を見てきた私が思いますに、今上陛下の最大の功績は、美智子さまと御結婚されたことではないでしょうか。

渡邉　みどり

平成三十年九月吉日

年表

西暦	（和暦）	月	年齢	美智子さまに関する主な出来事
1934年	（昭和9）	10	0歳	正田英三郎・富美子夫妻の長女としてご誕生（20日）
1941年	（昭和16）	4	6歳	雙葉小学校入学
1945年	（昭和20）	8	10歳	日本敗戦。疎開先の軽井沢で玉音放送を聞く（15日）
1947年	（昭和22）	4	12歳	聖心女子学院中等科入学
1953年	（昭和28）	4	18歳	聖心女子大学文学部入学
1957年	（昭和32）	3	22歳	聖心女子大学卒業
		8		軽井沢で皇太子とテニスの試合（テニスコートの恋）
1958年	（昭和33）	11	24歳	皇室会議で婚約決定
1959年	（昭和34）	4		皇太子（今上陛下）とご成婚（10日）
1960年	（昭和35）	2	25歳	浩宮徳仁親王ご出産（23日）
		6		元赤坂の東宮御所へご移転
		9		皇太子ご夫妻、日米修好通商条約百周年で渡米。初の海外公務
1963年	（昭和38）	3	28歳	流産の措置のため入院
1965年	（昭和40）	11	31歳	礼宮文仁親王ご出産（30日）

1967年(昭和42) 5 32歳 皇太子ご夫妻、初のブラジル訪問。芹口百合子さんとの交流始まる
1969年(昭和44) 4 34歳 紀宮清子内親王ご出産(18日)
1975年(昭和50) 7 40歳 皇太子ご夫妻、初の沖縄訪問。ひめゆりの塔・火炎瓶事件
1981年(昭和56) 7 46歳 皇太子ご夫妻、英国訪問。チャールズ皇太子とダイアナ妃の結婚式に出席
1984年(昭和59) 4 49歳 皇太子ご夫妻、銀婚式
1986年(昭和61) 3 51歳 子宮筋腫で入院、手術を受ける
1988年(昭和63) 5 53歳 母・正田富美子さん死去
1989年(昭和64) 1 54歳 昭和天皇崩御。新天皇即位。美智子さまは皇后に(7日)
(平成元) 9 礼宮さま、川嶋紀子さんと婚約発表
1990年(平成2) 6 55歳 礼宮さま、川嶋紀子さんと結婚。秋篠宮家を創設
1991年(平成3) 10 57歳 秋篠宮家に眞子内親王ご誕生。初孫(23日)
1992年(平成4) 10 天皇皇后両陛下、山形「べにばな国体」出席、発炎筒事件。中国を訪問
1993年(平成5) 6 58歳 浩宮さま、小和田雅子さんと結婚
10 59歳 誕生日に倒れ、失声症に
1994年(平成6) 2 天皇皇后両陛下、硫黄島などを訪問。美智子さま声を発する
12 60歳 秋篠宮家に佳子内親王ご誕生(29日)
1995年(平成7) 1 阪神・淡路大震災(17日)。天皇皇后両陛下、被災地を訪問
7~8 天皇皇后両陛下、戦後50年「慰霊の旅」で長崎、広島、沖縄を訪問
1999年(平成11) 6 64歳 父・正田英三郎さん死去

2000年（平成12）　6　65歳　香淳皇后薨去（16日）
2001年（平成13）　12　67歳　皇太子ご夫妻に敬宮愛子内親王ご誕生（1日）
2002年（平成14）　9　スイスで国際児童図書評議会創立50周年記念大会に出席。初の単独海外訪問
2003年（平成15）　1　68歳　天皇陛下、東大病院で前立腺がんの手術
2005年（平成17）　6　70歳　天皇皇后両陛下、サイパン島を訪問（戦後60年）
　11　71歳　紀宮さま、黒田慶樹さんと結婚
2006年（平成18）　9　秋篠宮家に悠仁親王ご誕生（6日）
2009年（平成21）　4　74歳　天皇皇后両陛下、金婚式
2011年（平成23）　3　76歳　東日本大震災（11日）。天皇皇后両陛下、被災者を訪問
2012年（平成24）　2　77歳　天皇陛下、東大病院で心臓バイパス手術
　5　天皇皇后両陛下、英国訪問。エリザベス女王即位60周年記念式典に出席
2013年（平成25）　10　79歳　天皇皇后両陛下、熊本県水俣市を訪れ、水俣病患者と懇談
2014年（平成26）　6　天皇皇后両陛下、学童疎開船「対馬丸」犠牲者慰霊のため、沖縄訪問（26～27日）
2015年（平成27）　4　80歳　天皇皇后両陛下、戦後70年の慰霊でパラオ訪問
　8　心臓に軽度の狭窄が見つかる
2017年（平成29）　2～3　82歳　天皇皇后両陛下、ベトナムとタイを訪問
2018年（平成30）　6　83歳　天皇皇后両陛下、在位中最後の東日本大震災の被災者訪問
　8　天皇皇后両陛下、在位中最後の全国戦没者追悼式出席

参考文献

『幕末の天皇』藤田覚(講談社)
『ともしび』皇太子同妃両殿下御歌集(婦人画報社)
『天皇への道——明仁陛下の昭和史』吉田伸弥(読売新聞社)
『瀬音』皇后陛下御歌集(大東出版社)
『橋をかける 子供時代の読書の思い出』美智子(文藝春秋)
『歩み 皇后陛下お言葉集 改訂新版』宮内庁侍従職監修(海竜社)
『皇后美智子さま』浜尾実(小学館)
『梨本宮伊都子妃の日記 皇族妃の見た明治・大正・昭和』小田部雄次(小学館)
『菊の御紋章と火炎ビン』佐々淳行(文藝春秋)
『ベルツの日記(上下)』エルウィン・ベルツ(岩波書店)
『定本五島美代子全歌集』五島美代子著・五島茂編(短歌新聞社)
『昭和天皇御製集』宮内庁(講談社)
『皇太子さま雅子さまへのメッセージ』浜尾実(新潮社)
『ひと日を重ねて 紀宮さま御歌とお言葉集』(大東出版社)
『紅葉山御養蚕所と正倉院裂復元のその後』(宮内庁)
『「週刊新潮」が報じたスキャンダル戦後史』「週刊新潮」編集部(新潮社)

「週刊読売」（昭和50年10月18日増大号）
『入江相政日記』入江為年監修／朝日新聞社編（朝日新聞社）
『美智子さま 還暦記念写真集』朝日新聞社編（朝日新聞社）
『天皇家の宿題』岩井克己（朝日新聞社）
『美智子皇后の「いのちの旅」』渡邉みどり（文藝春秋）
『美智子皇后「みのりの秋」』渡邉みどり（文藝春秋）
『美智子さまのお着物』木村孝・渡邉みどり（朝日新聞出版）
『皇后美智子さま すべては微笑みとともに』渡邉みどり（平凡社）

心《こころ》にとどめておきたい
美智子《みちこ》さまの生《い》き方《かた》38
朝日文庫

2018年10月30日　第1刷発行

著　者　渡邉《わたなべ》みどり

発行者　須田　剛
発行所　朝日新聞出版
〒104-8011　東京都中央区築地5-3-2
電話　03-5541-8832(編集)
03-5540-7793(販売)
印刷製本　大日本印刷株式会社

Published in Japan by Asahi Shimbun Publications Inc.
定価はカバーに表示してあります

ISBN978-4-02-261944-0
落丁・乱丁の場合は弊社業務部(電話 03-5540-7800)へご連絡ください。
送料弊社負担にてお取り替えいたします。

朝日文庫

貫田　庄
原節子　わたしを語る

小津監督のこと、家族、仕事、趣味、結婚、引退についても。飾り気のないユーモラスな言葉を紹介し、伝説の女優のホンネを明かす名エッセイ。

貫田　庄
原節子物語
若き日々

大戦前の激動する世界で女優に目覚める原節子の、最初の二年間を丹念に描く。デビューから、日独合作映画の主役、欧米への旅立ちと、帰国まで。

瀬戸内　寂聴
老いを照らす

美しく老い、美しく死ぬために、人はどう生きればよいのか。聞くだけで心がすっと軽くなる寂聴尼の法話・講演傑作選。《解説・井上荒野》

落合　恵子
母に歌う子守唄
わたしの介護日誌

愛する人が認知症になった時、どう受け止め、どう護るか。医師やヘルパーさんとの接し方など、介護入門にもなるエッセイ集。《解説・内橋克人》

落合　恵子
決定版　母に歌う子守唄
介護、そして見送ったあとに

七年の介護を経て母は逝った。襲ってくる後悔と空いた時間。大切な人を失った悲しみとどう向かい合うか。介護・見送りエッセイの決定版。

貫井　徳郎
私に似た人

テロが頻発するようになった日本。事件に関わらざるをえなくなった一〇人の主人公たちの感情を活写する、前人未到のエンターテインメント大作。

中川　恵一
がんと死の練習帳

がんはなぜ苦しいのか？　死はなぜ怖いのか？　専門医がさまざまな分野から明快に説いた、「怖い」「苦しい」を「よく生きる」に変えるヒント。

内澤　旬子
身体《からだ》のいいなり
《講談社エッセイ賞受賞作》

乳癌発覚後、なぜか健やかになっていく——。フシギな闘病体験を『世界屠畜紀行』の著者が綴る。《巻末対談・島村菜津》

上野　千鶴子
身の下相談にお答えします

家族関係、恋愛問題、仕事のトラブル……あなたの悩みを丸ごと解決。朝日新聞土曜別刷be人気連載「悩みのるつぼ」から著者担当の五〇本を収録。

上野　千鶴子
また　身の下相談にお答えします

夫がイヤ、子無し人生へのバッシング、夫婦の老後問題など、読者の切実な悩みの数々に、明快に答える。上野教授ならではの痛快な人生相談。

堺屋　太一
平成三十年（上）（下）

平成三〇（二〇一八）年の日本はまだ何も変わっていなかった！　衝撃の未来像を緻密な予測で描いた〝警告と提言〟のベストセラー長編小説。

週刊朝日編
戦後値段史年表

芥川賞の賞金や芸者の玉代……戦後五〇年のモノの値段の変化を一覧表にまとめた出色のデータ・ブック。

貫井 徳郎
乱反射
《日本推理作家協会賞受賞作》

幼い命の死。報われぬ悲しみ。決して法では裁けない「殺人」に、残された家族は沈黙するしかないのか？ 社会派エンターテインメントの傑作。

小川 洋子
ことり
《芸術選奨文部科学大臣賞受賞作》

人間の言葉は話せないが小鳥のさえずりを理解する兄と、兄の言葉を唯一わかる弟。慎み深い兄弟の一生を描く、著者の会心作。《解説・小野正嗣》

森見 登美彦
聖なる怠け者の冒険
《京都本大賞受賞作》

宵山で賑やかな京都を舞台に、全く動かない主人公・小和田君の果てしなく長い冒険が始まる。著者による文庫版あとがき付き。

さだ まさし
ラストレター

聴取率〇%台。人気低迷に苦しむ深夜ラジオ番組を改革しようと、入社四年目の新米アナウンサーが名乗りを上げるのだが……。《解説・劇団ひとり》

久坂部 羊
悪医

再発したがん患者と万策尽きて余命宣告する医師。悪い医師とは何かを問う、第三回日本医療小説大賞受賞作。《解説・篠田節子》

大沢 在昌
鏡の顔
傑作ハードボイルド小説集

フォトライターの沢原が鏡越しに出会った男の正体とは？ 表題作のほか、鮫島、佐久間公、ジョーカーが勢揃いの小説集！ 《解説・権田萬治》